Mord in Münster

Jürgen Kehrer

Mord in Münster

Kriminalfälle aus fünf Jahrhunderten

Waxmann Münster/New York

Die Deutsche Bibliothek - CIP-Einheitsaufnahme

Kehrer, Jürgen:
Mord in Münster - Kriminalfälle aus fünf
Jahrhunderten / Jürgen Kehrer. - Münster ;
New York : Waxmann, 1995
  ISBN 3-89325-375-0

Nach einer Idee von Thomas Böwer,
Wilfried Bos und Ursula Heckel
Materialsammlung: Ulrich Tiedau, Jürgen Kehrer

Umschlag: Pleßmann Kommunikationsdesign
Titelbild: Cornelis Springer (1817-1891)
Stadtwache und Rathaus zu Münster 1872
Westfälisches Landesmuseum für Kunst
und Kulturgeschichte Münster
Satz: druckreif DTP
Druck: Druckwerkstatt Hafen GmbH

© Waxmann Verlag GmbH, Münster/New York 1995
Postfach 8603, D-48046 Münster, F. R. G.
Waxmann Publishing Co.
P. O. Box 1318, New York, NY 10028, U. S. A.

Inhalt

Mythos Mord

Nimmt man die Summe der täglichen Fernsehmorde, so gibt es wohl kaum eine menschliche Verhaltensweise, die mehr Beachtung findet und die faszinierender sein könnte als das Totschlagen oder Ermorden eines Menschen durch einen anderen. Die Einschaltquote einer Live-Übertragung aus dem Gerichtssaal, wie im Fall O. J. Simpson, läßt Macher von Unterhaltungs-Shows vor Neid erblassen. Und jeder Serien-Killer ist sich bewußt, daß er auch ein Medien-Star ist.

Die Fernseh-Kommissare und Ermittler in Kriminalromanen folgen den Regeln ihres Genres. Da stellt die Leiche ein Rätsel dar, bei dessen Lösung mehrere Verdächtige mit plausiblen Motiven ausgesiebt werden, bis schließlich der Täter überführt ist und, um letzte Zweifel auszuschließen, ein reumütiges Geständnis ablegt. Auch in der Realität kann die Polizei bei dem Deliktpaar Mord und Totschlag auf eine hohe Aufklärungsrate verweisen. Dafür gibt es einen einfachen Grund: Täter und Opfer stehen sich oft sehr nahe (die meisten Gewalttaten geschehen innerhalb der Familie), und nicht selten finden die am Tatort eintreffenden Polizisten den Mörder neben seinem Opfer.

Wenn es diese direkte Beziehung nicht gibt, wenn Polizei und Staatsanwaltschaft auf Indizienbeweise zurückgreifen müssen, wenn der oder die Verdächtige kein Geständnis ablegt, wird die Sache schwierig. Indizienprozesse haben fast immer den schalen Beigeschmack eines möglichen Justizirrtums. Und genauso regelmäßig – zumindest bei Beteiligung von cleveren Anwälten – stellt sich in ihnen heraus, daß die Polizei fehlerhaft und schlampig gearbeitet hat.

Erstaunen löst die strukturelle Fehlbarkeit der Ermittlungsbehörden immer dann aus, wenn es um Morde geht, die eine ganze Nation bewegen. Der Mord am amerikanischen Präsidenten John F. Kennedy beschäftigt noch heute die Phantasie von Autoren und Filmemachern. Inzwischen kann als gesichert gelten, daß der auf obskure Weise ebenfalls getötete Lee Harvey Oswald kein Einzeltäter war.

Der Mord am schwedischen Ministerpräsidenten Olof Palme ist bis heute nicht aufgeklärt. Zwischenzeitlich Beschuldigte mußten wieder freigelassen werden.

Im Fall des Ex-Ministerpräsidenten von Schleswig-Holstein, Uwe Barschel, kann offensichtlich nicht eindeutig geklärt werden, ob Barschel Selbstmord begangen hat oder ermordet wurde.

Bei den drei genannten Beispielen fällt ebenfalls auf, daß berühmte Mordopfer zwangsläufig die These einer Verschwörung hervorrufen, in die staatliche Organe verwickelt sind. Steht bei John F. Kennedy die CIA unter Verdacht, die Außenpolitik des liberalen Präsidenten torpediert zu haben, so glauben schwedische Journalisten, daß eine Gruppe rechtsradikaler Polizisten den Sozialdemokraten Palme ermordet hat. Und im Fall Uwe Barschels schließlich, den man illegaler Waffengeschäfte bezichtigt, wird eine Verdeckungstat westlicher und östlicher Geheimdienste vermutet.

* * *

True crime, so nennt man in der amerikanischen Literatur Geschichten, die sich mit tatsächlichen Verbrechen beschäftigen. Beim vorliegenden Buch handelt es sich um *true crime*, jedenfalls sind die Geschehnisse so wahr, wie sie aus dem Abstand von Jahrzehnten oder Jahrhunderten und aus der interessegefärbten Sicht von Zeugen sein können.

Zwar gehören die Mordopfer, die in Münster und um Münster herum angefallen sind, nicht zu den Berühmtheiten ihrer

Zeit (und nur in einem Fall geht es um eine Art Politiker), doch tun sich, wie wir sehen werden, auch hier die Behörden extrem schwer, die Gerechtigkeit siegen zu lassen. Entweder sie wissen, wer die Mörder sind, können diese aber nicht verhaften, oder der international gesuchte Täter entflieht ein ums andere Mal aus dem Gefängnis. Manchmal erzwingt die Justiz mit Folter ein fadenscheiniges Geständnis, dann wiederum versteift sie sich darauf, gänzlich Unschuldige zu verurteilen.

Zwischen der ersten Geschichte aus dem Jahre 1588 und der letzten aus dem Jahr 1957 liegen fast vierhundert Jahre. So ist »Mord in Münster« auch eine kleine politische, juristische, Sitten- und Geistesgeschichte der Stadt Münster. Wie man warum mordete und was man zur Aufklärung und Bestrafung der Verbrechen unternahm, spiegelt vielleicht deutlicher als andere Ausschnitte den jeweiligen Zeitgeist.

Aus Gründen der Lesbarkeit habe ich auf Anmerkungen im Text verzichtet. Wer wissen will, auf welche Quellen ich zurückgegriffen habe, sei auf die Literaturangaben im Anhang verwiesen.

Münster, im Oktober 1995

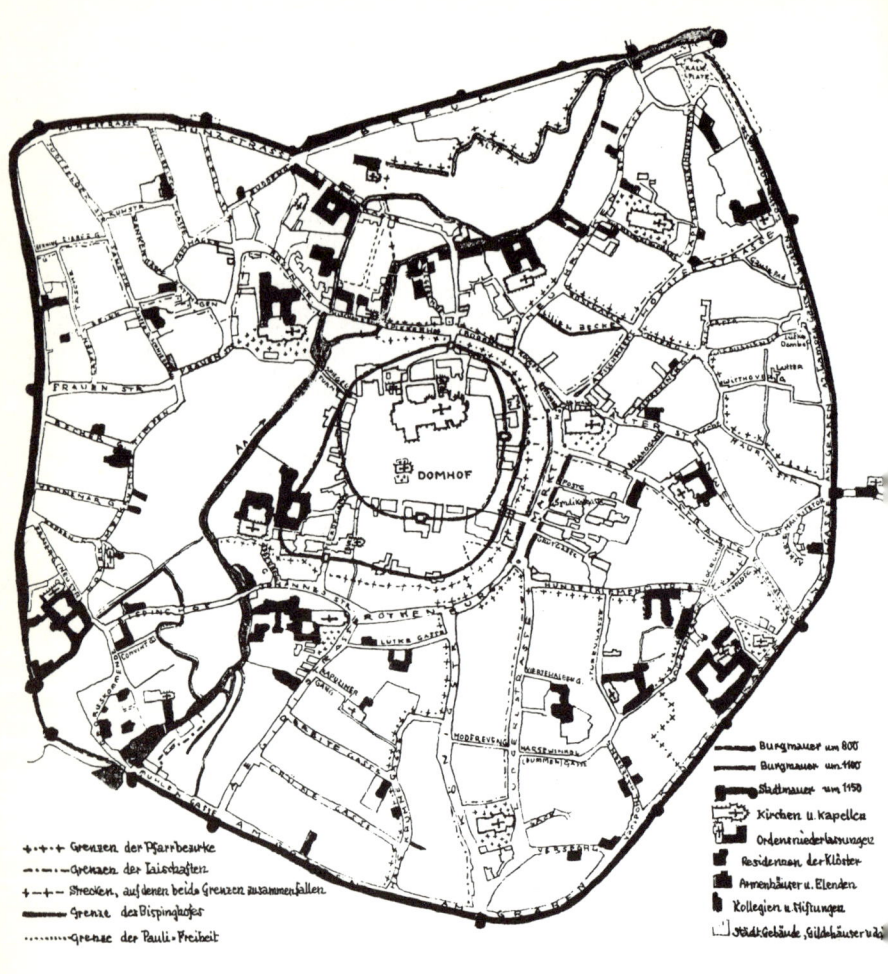

Historische Grenzen der Stadt Münster

I

Die Ermordung des Komturs
Melchior Droste zu Senden (1588)

Am Abend des 20. März 1588 wurde der Komtur Melchior
Droste zu Senden auf dem Kirchhof der Aegidii Kirche ermordet. Der Komtur (= Kommandeur), Chef einer Ballei (= Verwaltungsbezirk) des Johanniterordens zu Bakelesch, befand
sich auf dem Weg zu seiner in der Lütken Gasse gelegenen
Wohnung. Sofort nach dem Mord lief das Hausgesinde des
Komturs zur Wache, der Meldemeister informierte den ältesten Bürgermeister Dr. Bent, welcher wiederum den Stadtrat
für den nächsten Morgen, um sechs Uhr, einberief.

Bei der frühmorgendlichen Ratssitzung wurde eine Untersuchungskommission eingesetzt, die den Leichnam inspizieren sollte. Zur Kommission gehörten der Richter Leisting, die
Richtherren Huge und Münstermann und der Stadtsekretär
Pagenstecher. Als medizinische Fachleute wurden zwei Barbiere hinzugezogen.

Über die Todesursache des Komturs konnten keine Zweifel
bestehen. Die Kommission zählte insgesamt fünf Messer- stiche,
einen in den Kopf (»durch das Hirn«), einen in den
Nacken, einen Stich durch den rechten Arm und zwei in den
Leib, »unter dem Nabel« und »unter dem rechten Arm«. Auch
Zeugen, die über den Tathergang Näheres zu berichten wußten, gab es reichlich. Sie wurden sofort zum Stadtrat vorgeladen, der währenddessen auf die Rückkehr der Kommission
wartete.

Nach den Zeugenaussagen, die sich nur unwesentlich unterschieden, ergab sich folgendes Bild:

Am Vortag war der Komtur auf einer Hochzeitsfeier gewesen. Der Bräutigam Asche Arendes, ein domkapitularischer Beamter, hatte dazu in den Hof des Erbmarschalls Morrien an der Aegidiistraße geladen. Viele Adelige und Domherren waren anwesend, und man sprach gehörig dem Wein zu. Irgendwann kam es zum Streit zwischen den beiden Domherren Johan von Torck und Berndt von Oer.

(Die vom Bischof ernannten Domherren zählten zwar zu den »Geistlichen«, waren aber nicht zwangsläufig Priester. Es reichte, wenn sie die niederen Weihen empfangen hatten. Erheblich strenger war dagegen die soziale Auslese: Bewerber für eine Domherrenstelle mußten sechzehn adelige Ahnen und ein zweijähriges Studium an einer Universität in Frankreich oder Italien nachweisen.)

Die verbale Auseinandersetzung zwischen Torck und Oer kippte ins Handgreifliche um. Oer landete einen Faustschlag im Gesicht des Torck, und da beide ihre Diener dabei hatten, lag eine Massenkeilerei in der Luft.

In diesem Moment griff der Komtur Melchior Droste zu Senden ein. Er ermahnte Oer, es wäre »nicht redlich, daß einer von Adel den andern in solcher Gesellschaft schlage«. Wutentbrannt verließ Oer daraufhin die Hochzeitsgesellschaft. Torck wollte hinter ihm her, aber einige Gäste hielten ihn zurück.

Dann, so die Zeugen, sei es wieder ruhig geworden.

Gegen acht Uhr am Abend wollte der Komtur nach Hause gehen. In Begleitung seines Bruders, des Vize-Dominus und Domherrn Jobst Droste, seines neunzehnjährigen Sohnes Johann Droste sowie einiger Lichtträger und Diener der Familie, trat er aus dem Haus des Marschalls Morrien.

Domherr von Oer, sein Freund (und Domherr) Johann von Westerholt, ebenfalls in Begleitung ihrer Diener, lungerten noch auf dem Hof herum. Offensichtlich sann Oer auf Rache, was den Komtur im Vorübergehen zu der Bemerkung veranlaßte: »Wenn es mir geschehen wäre, würde ich es nicht dulden.«

Patzig fragte Oer zurück: »Was wolltet Ihr denn tun?«

Der Vize-Dominus ahnte, daß ein neuer Streit ausbrechen könnte, und beruhigte seinen Bruder mit den Worten: »Lieber Bruder, laß uns nach Hause gehen und die Herren uns nicht kümmern«.

Also gingen die drei Drostes weiter. Sie kamen allerdings nur bis zum Aegidii Kirchhof. Hier, so die zahlreichen Augenzeugen übereinstimmend, seien Oer und Westerholt über den Komtur hergefallen. »Nun ist es Zeit!« rufend, habe Berndt von Oer als erster auf den Komtur eingestochen. Aber auch Westerholt und, wie Johann Droste aussagte, ein Mann mit einem weißen Wams seien auf den bereits schwerverletzten Komtur losgegangen.

Wennemar Willinck, ein Diener des Vize-Dominus, berichtete, nicht nur die beiden Domherren, auch ihre Diener hätten »vom Leder gezogen« und nach ihm, Willinck, gestochen, aber nur seine Kleider zerfetzt.

Zusätzlich zu den belastenden Aussagen fanden sich auch die samtenen Hüte und Pantoffel der Domherren Oer und Westerholt an der Stelle auf dem Aegidii Kirchhof, wo der Komtur gestorben war.

Soweit der ziemlich eindeutige Sachverhalt, der den Stadtrat in eine Zwickmühle brachte. Denn Oer und Westerholt hatten sich auf eine *Immunität*, ihre Wohnungen am Domplatz, zurückgezogen.

* * *

Westfassade des Domes und Domplatz zu Münster, 1784

Um 1600 hatte Münster etwa 10.000 Einwohner. Innerhalb der Stadtmauern (die dem heutigen Promenadenring entsprechen) wurden noch Ackerbau und Viehzucht betrieben. Für die damaligen Verhältnisse war Münster jedoch eine große Stadt, genauer gesagt, die größte, reichste und selbstbewußteste des Stiftes, das von einem Fürstbischof regiert wurde.

Die münsterschen Bürger, an ihrer Spitze der 24köpfige Stadtrat, pochten auf die alten Rechte und Privilegien der Stadt, was zu ständigen Konflikten mit den absolutistisch gesinnten Fürsten führte. Eines dieser Rechte war die eigene Gerichtsbarkeit. Der Rat beanspruchte sie nicht nur für zivile Streitigkeiten, sondern auch für kriminelle Delikte. Zwar ernannte der Bischof den Richter, der dem »Peinlichen Gericht« (bei Verbrechen gegen Leib und Leben) vorsaß, der Rat degradierte dieses Amt jedoch zu einem rein repräsentativen. Tatsächlich fällte der Stadtrat das Urteil über die Beschuldigten – und ließ es anschließend vom Richter verkünden.

Allerdings gab es eine große Ausnahme von dieser Regel. Die juristische Zuständigkeit der Stadt erstreckte sich nicht auf »geistliche Personen« und nicht auf kirchliches Gelände innerhalb der Stadt. Diese *Immunitäten* – vor allem der Domplatz und die Klöster – durften von den städtischen Botmeistern (= Bedienstete, die die *Gebot*e des Rates überbrachten) nicht betreten werden.

Andererseits stand dem Rat nach dem am 13. August 1558 zwischen der Stadt Münster und dem Fürstbischof geschlossenen Vertrag das Recht zu, geistliche Personen, »welche in der Stadt todeswürdige Verbrechen begangen hatten«, festzunehmen und sie »ungestocket und ungeblocket« (= ungefesselt) auf St. Mauritz Pforte festzusetzen, wo sie dann den Beamten des Fürstbischofs übergeben wurden.

Hintergrund dieser komplizierten Rechtslage war das seit nahezu einem Jahrhundert gespannte Verhältnis zwischen der

Stadt und dem Fürstbischof. Nach der Zeit der Wiedertäufer, die 1534/35 in Münster die Macht übernommen hatten, war von Bischof Franz von Waldeck zunächst ein Statthalter eingesetzt worden. Dieser Statthalter, Berndt von Oer (ein älterer Verwandter des erwähnten Domherren), führte die Aufsicht über die Stadt und war, wie der Wiedertäufer-Chronist Kerßenbrock schreibt, Bürgermeister, Ratsherr und Stadthauptmann in einem.

Erst allmählich, mit den Restitutionsakten von 1541 und 1553, erhielt die Stadt ihre alten Rechte zurück, vor allem das Recht, mit dem Stadtrat die eigene Obrigkeit zu wählen. Trotzdem gab es weiterhin Auseinandersetzungen über die Hoheitsrechte, und die Stadt setzte sich nicht selten über fürstbischöfliche Anordnungen und Einwände des Domkapitels hinweg. Erst 1661, als Bischof Christoph Bernhard von Galen die Stadt erneut eroberte und sie zur fürstbischöflichen Residenzstadt machte, wurden alle demokratischen Stadtrechte außer Kraft gesetzt.

* * *

Aufgrund seiner Ermittlungen nahm der Stadtrat an, daß der Mord an dem Komtur Melchior Droste vorsätzlich geschehen sei. Er ließ die Ausgänge des Domplatzes besetzen und die Stadttore schließen. Dann verlangte er vom Domkapitel die Auslieferung der beiden Täter, um sie durch die Stadt zum Mauritztor zu bringen und dort den bischöflichen Beamten zu übergeben.

Oer und Westerholt müssen sich sehr sicher gefühlt haben. Vielleicht hatten sie auch befürchtet, daß die Stadttore unmittelbar nach der Tat geschlossen würden. Jedenfalls warteten sie erst einmal, auf die kollegiale Solidarität der übrigen Domherren vertrauend, die weitere Entwicklung ab.

Und sie verrechneten sich nicht. Das Domkapitel (das damals aus 40 Domherren bestand) wies am folgenden Tag das Ansinnen des Rates, die beiden auszuliefern, zurück. Es habe, teilte es dem Rat mit, die Herren Oer und Westerholt nach der Tat befragt, und diese hätten wohl zugegeben, sich mit dem seligen Komtur gestritten zu haben, allerdings nur »mit Worten«. An dem Mord seien sie gänzlich unschuldig. Dies gehe schon daraus hervor, daß einer der Diener die »Entleibung« gestanden habe und aus der Stadt geflohen sei. Im übrigen seien Oer und Westerholt grundsätzlich zu einem Gerichtsverfahren bereit, böten eine Kaution an und seien deshalb, nach Ansicht des Domkapitels, nicht weiter zu verfolgen. Mit anderen Worten: Der Stadtrat solle die Sache vergessen.

Das tat er aber nicht. Der Rat konterte den Bescheid des Domkapitels mit einem förmlichen Protest und setzte seine Ermittlungen fort.

Bislang war der Bruder des Komturs, der Vize-Dominus Jobst Droste, noch nicht vernommen worden. Die beiden Richtherren und der Stadtsekretär erledigten diese Aufgabe und erhielten eine Bestätigung der bisherigen Beweisaufnahme. Oer und Westerholt, so der Vize-Dominus, seien ohne Warnung und von hinten über den Komtur hergefallen. Als die Diener den bereits Verletzten wieder aufrichten wollten, hätten die beiden Domherren immer noch nicht von ihm abgelassen und weiter »Stich um Stich getan«. Und das, obwohl der Vize-Dominus (in der Kirchenhierarchie über den beiden Messerstechern stehend) die Geistlichen ernsthaft ermahnt und sie daran erinnert habe, daß sie sich in der Stadt Münster und auf einem Kirchhof (= Friedhof) befänden. Davon, daß ein Diener eine Waffe gezogen habe, wußte der Vize-Dominus nichts.

Im Gegensatz dazu gab der Pelzer Johann Kortenbusch zu Protokoll, daß auch einer der Diener mitgestochen habe und nach der Tat »stracks davongelaufen« sei.

Ein weiterer Augenzeuge, der am Aegidii Kirchhof wohnende Hermann Füsting, steuerte eine neue, belastende Beobachtung bei. Er wollte gesehen haben, wie gegen sechs Uhr, also zwei Stunden vor der Tat, die Diener Oers und Westerholts deren Waffen zum Morrienschen Hof getragen hatten.

Über den direkten Tathergang wußte Füsting zu berichten, daß der Komtur wohl zehnmal um Hilfe gerufen und die beiden Domherren mit den Worten »Schonet, schonet mir alten Mann!« angefleht habe, ihn am Leben zu lassen.

* * *

Die erdrückende Beweislage war wahrscheinlich auch dem Domkapitel zu Ohren gekommen, denn am 23. März, also drei Tage nach dem Mord, gab es eine weitere Erklärung heraus. Inzwischen hatte es wohl eingesehen, daß der Versuch, dem Diener allein die Schuld in die Schuhe zu schieben, zwecklos war. Das Gerücht über den hinterhältigen Anschlag der beiden Domherren verbreitete sich bereits im gesamten Stift Münster.

Die neue Taktik des Domkapitels sah so aus, daß es sich selbst zur ermittelnden Behörde erklärte. Da sich Fürstbischof Ernst von Bayern nicht im Stift Münster befinde (was er übrigens selten tat, er war nämlich gleichzeitig Bischof von Freising, Hildesheim und Lüttich und Erzbischof und Kurfürst von Köln), sei das Domkapitel die kommissarisch zuständige Obrigkeit. Als Beweis seiner Tatkraft teilte das Kapitel mit, es habe die beiden Domherren von ihren Ämtern suspendiert und ihnen bis zur weiteren Klärung den »bischöflichen Hof loco carceris« (= als Kerker) angewiesen. Zieht man die bisherige Haltung des Domkapitels in betracht, darf man annehmen, daß die Bewegungsfreiheit der beiden Domherren nur unerheblich eingeschränkt wurde.

* * *

Am 24. März erschienen zwei Brüder des Komturs, Johann und
Ludwig Droste, mit dessen fünf Kindern und der (im Protokoll »Magd« genannten) unehelichen Witwe im Rathaus. (Melchior Droste hatte, wie auch sein Bruder Jobst und die meisten
Domherren, im Konkubinat gelebt. Das war zwar offiziell verboten, aber Bischof Ernst konnte in bezug auf das Zölibat nicht
gerade als Vorbild gelten: Auch er hatte eine Konkubine und
war Vater eines Sohnes.)

Die Hinterbliebenen wurden von den beiden Bürgermeistern
Bent und Plönies empfangen. Offensichtlich fürchteten die
Drostes, der Rat könnte dem Domkapitel nachgeben. Johann
Droste trug vor, der erbärmliche Totschlag des Komturs sei
den Herren vom Stadtrat bekannt; sie, die Drostes, seien im
Gogericht Senden (einem Lehen der Stadt Münster) geboren,
teilweise in Münster wohnhaft und immer gehorsame Unter-
tanen gewesen. Jetzt forderten sie den Schutz des Rates und
insbesondere, daß den Tätern kein freies Geleit gewährt werde.

Die beiden Bürgermeister bekundeten ihr Mitleid und ver-
sprachen, alles dem Rat zu berichten.

* * *

Am Samstag, den 26. März, schickte der Stadtrat eine Abordnung zum Domkapitel und forderte es auf, ihm die Täter, wie
es der Vertrag von 1558 vorschreibe, auszuliefern.

Das Domkapitel spielte jetzt auf Zeit. Es tue ihm leid, aber
viele Mitglieder seien abwesend und ein Beschluß könne erst
am nächsten Tag gefaßt werden.

Die Entscheidung am Sonntag fiel, wenig überraschend,
negativ aus. Die beiden Verdächtigen mit »Schimpf und Spott«

durch die Stadt führen zu lassen, sei gleichzeitig eine Verhöhnung des Fürsten und des Domkapitels. Dies könne nicht im Interesse des Stadtrates liegen.

Der Stadtrat war jedoch nicht bereit, diese Ausreden weiter hinzunehmen. In seiner Antwort taucht zum ersten Mal die Drohung auf, die beiden Täter innerhalb der *Immunität* festzunehmen.

Aufgeschreckt entgegnete das Domkapitel, der Vertrag von 1558 sehe eine solche Befugnis nicht vor. Außerdem seien Oer und Westerholt noch nicht überführt. Immerhin erkannte das Domkapitel, daß es die Geschichte nicht einfach verschleppen konnte, bis Gras darüber gewachsen war. Deshalb warf es eine neue Rauchkerze mit dem Vorschlag, ein »kompetenter Richter« müsse die beiden zunächst anhören.

Hiergegen erhob der Rat feierlichen Protest.

* * *

Ob sich der Fürstbischof inzwischen mit der juristischen Angelegenheit befaßt hatte, entzieht sich unserer heutigen Kenntnis. Auf jeden Fall zeigte sich die fürstliche Landesregierung äußerst besorgt über die Vorgänge in Münster, die zu einem offenen Streit zwischen Stadt und Klerus zu eskalieren drohten.

Am 29. März kamen gleich fünf bischöfliche Statthalter und hohe Beamte nach Münster, die in dem Konflikt vermitteln wollten. Dazu luden sie eine Abordnung des Stadtrates und des Domkapitels in das Fraterhaus.

Zu Beginn der Konferenz erklärten die Statthalter, der Vertrag von 1558 betreffe, ihrer Meinung nach, den Klerus nicht, andererseits wollten sie aber die Tat nicht verteidigen, sondern die beiden Täter »zur Strafe bringen«.

Das Domkapitel, um Argumente verlegen, kämpfte auf einem Nebenkriegsschauplatz. Die Drohung des Stadtrates, die *Immunität* zu verletzen, sei doch sehr bedenklich. Dagegen müßten die Statthalter etwas unternehmen.

Die Abordnung des Stadtrates antwortete, nach ihrer Auffassung beziehe sich der Vertrag von 1558 auch auf den Klerus. Wer einen Friedhof entweihe und dort einen Mord begehe, dürfe selbst aus Kirchen und dem bischöflichen Hof herausgeholt werden.

Die harte Haltung des Stadtrates zeigte Wirkung. Das Domkapitel bot schließlich an, die beiden Gefangenen den Statthaltern auszuliefern, welche sie durch die Stadt und zu einem außerhalb der Stadt gelegenen bischöflichen Gefängnis bringen sollten.

* * *

Mit diesem Vorschlag kehrte die Ratsabordnung zum unmittelbar darauf tagenden Stadtrat zurück. Zu dieser Sitzung kamen auch die Meister und Alderleute der Handels- und Handwerkergilden, die zweite mächtige, demokratische Instanz der münsterschen Bürger. Das allein belegt, wie sehr der Mord an dem Komtur zu einem Politikum geworden war.

Mit Unterstützung (oder auf Druck) der Gilden beharrte der Stadtrat auf seiner Position, daß er die beiden Domherren verhaften dürfe.

Unterdessen hatte auch das Domkapitel getagt und ließ von den Statthaltern den Vorschlag überbringen, die Haftbedingungen der beiden Domherren zu verschärfen, sie aber auf dem Domplatz zu belassen.

Als der Stadtrat dies ablehnte, entwickelten die Statthalter eine hektische Vermittlungsdiplomatie, bei der immer neue Kompromisse ent- und wieder verworfen wurden, so, die Ent-

Schloß Bevergern

scheidung dem Fürstbischof oder der juristischen Fakultät einer Universität zu überlassen oder die beiden Täter in einem geschlossenen Wagen durch die Stadt zu fahren.

Endlich, am 1. April, kam es zu einem Vergleich, der von allen Seiten angenommen wurde. Danach sollten Oer und Westerholt am Rand des Domplatzes den städtischen Ordnungskräften übergeben und, ohne in ein Stadtgefängnis zu kommen, jenseits der Stadtmauern wiederum den Beamten der Landesregierung ausgeliefert werden.

* * *

Und so geschah es am 2. April 1588, um fünf Uhr morgens. Der protokollarische Aufwand war enorm. Neben den beiden Richtherren und dem Stadtsekretär Pagenstecher erschienen auch ein Notar, mehrere Handwerksmeister, vier reitende Polizisten und zwei Meldemeister am Domplatz. Oer und Westerholt wurden offiziell für verhaftet erklärt und durch die Stadt geführt.

Am Mauritz Tor verlas Stadtsekretär Pagenstecher einen öffentlichen Protest des Stadtrates. Nur dieses eine Mal und ausnahmsweise verzichte der Rat auf sein Recht, die Täter in ein städtisches Gefängnis zu bringen.

Dann ging die Gruppe über die Zugbrücke, wo jenseits des Schlagbaumes ein verdeckter Kutschwagen wartete. Pagenstecher und Gograf Sibert von Eilen, der Beauftragte des Bischofs, tauschten kurz Förmlichkeiten aus, dann wiederholte Pagenstecher noch einmal die Erwartung des Rates, daß die beiden Täter angemessen bestraft würden.

Oer und Westerholt wurden auf eine Burg in Bevergern gebracht. Am 3. Juni wurde gegen sie Anklage erhoben.

* * *

An dieser Stelle könnte der Bericht mit der Wiedergabe des Urteils enden. Nur: Es gab nie ein Urteil. Oer und Westerholt verbrachten zwar mehrere Jahre in dem Bevergerner Turmkerker, anschließend wurden sie jedoch stillschweigend entlassen. Das widersprach allen, im ausgehenden 16. Jahrhundert herrschenden Rechtsprinzipien. Auf Totschlag stand in der Regel die Todesstrafe, wobei allenfalls die Art der Hinrichtung milder oder strenger sein konnte. Die Enthauptung mit dem Schwert kam einem Gnadenakt gleich, für Verbrecher mit niederen Beweggründen hielt die Strafjustiz die Vierteilung oder das Rad bereit, auf das der Verurteilte mit gebrochenen Knochen gebunden wurde (Menschen mit starker Physis starben oft erst nach mehrtägigem Todeskampf).

Auch Oer und Westerholt rechneten wohl mit dem Schlimmsten, denn Berndt von Oer machte im Mai 1589 einen spektakulären Fluchtversuch, der allerdings in Ibbenbüren endete, wo er erneut festgenommen wurde.

Doch der Reihe nach.

Der Verteidiger der beiden Domherren baute kurz nach ihrer Inhaftierung in Bevergern eine erste Verteidigungslinie auf. Kein Adeliger, so der Anwalt, dürfe verhaftet werden, es sei denn, er habe eine Straftat begangen, auf die die Todesstrafe stehe. Oer und Westerholt aber seien nicht nur adelig, sondern auch Geistliche. Und Geistliche dürften niemals mit der Todesstrafe belegt werden, für sie käme höchstens eine Degradierung in Frage.

Zur Veranschaulichung seiner Ansicht wählte der Anwalt ein kühnes Beispiel: Selbst wenn ein Geistlicher den Papst töte, könne er, falls er sich zu bessern bereit sei, nicht abgesetzt, sondern nur »in ewigen Kerker gelegt« werden.

Aber auch sonst käme im vorliegenden Fall die Todesstrafe nicht in betracht. Erstens sei der Totschlag im Streit erfolgt, und man wisse nicht, wer den entscheidenden, todbringenden Stich getan habe. Zweitens seien die beiden Domherren von einer Hochzeit gekommen und betrunken gewesen. Eine Absicht, zu töten, sei deshalb nicht anzunehmen. Da Oer und Westerholt bislang ein tadelloses Leben geführt hätten, liege keine Fluchtgefahr vor. Der Anwalt offerierte 4.000 rheinische Goldgulden Kaution.

* * *

Während die Streitschriften noch hin und her gingen, gelang Berndt von Oer die Flucht aus dem Gefängnis. Der Diener Oers, Hermann Wittkampf, gestand später »durch Schrecken des Scharfrichters«, wie er seinem Herrn dabei geholfen hatte.

Was Wittkampf erzählte, könnte aus einem klassischen Mantel- und Degen-Roman stammen. Oer hatte beobachtet, daß der Burggraf seinen Schlüssel im Schloß stecken ließ, wenn die Burg mit Lebensmitteln beliefert wurde. Bei einer solchen Gelegenheit nahm Wittkampf einen Wachsabdruck des Schlüssels, den er dem Bruder Oers, Borchardt von Oer, brachte. Dieser ließ bei einem Schmied in Lüdinghausen einen Nachschlüssel anfertigen.

Am nächsten Sonntag morgen, als der Burggraf und die Hausdiener in der Kirche waren, probierte Wittkampf den Nachschlüssel auf Geheiß Oers aus, mit Erfolg.

Oer wartete dann noch einmal eine Woche, bis er am Sonntag, den 14. Mai 1589, den Fluchtplan in die Tat umsetzte. Wittkampf mußte sich in einem Heuhaufen innerhalb der Burg verstecken und blieb dort bis zehn Uhr abends. Das war der Zeitpunkt, zu dem sich die Wächter zurückzogen. Barfuß schlich Wittkampf zur Kerkertür und öffnete sie mit dem Nachschlüssel. Über vorher ausgekundschaftete Wege gelangten Oer und sein Lakai bis zum Burggraben, den sie durchschwammen.

Allerdings konnte Berndt von Oer die wiedergewonnene Freiheit nur wenige Tage genießen. Nachdem er in Ibbenbüren erneut festgenommen worden war, kam er auf Umwegen zurück in den Bevergerner Turm.

* * *

Inzwischen hatten die Anwälte der streitenden Parteien von der juristischen Fakultät in Freiburg ein Gutachten eingeholt, welches besagte, daß die Domherren Oer und Westerholt gegen Zahlung einer angemessenen Kaution bis zur Verhandlung in der Hauptsache auf freien Fuß zu setzen seien. Verwandte und Freunde der beiden boten, noch einmal, 4.000 Goldgulden an.

Die Tatsache, daß die Familien der Beschuldigten in der Lage waren, 4.000 Goldgulden aufzubringen, zeigt, daß sie zur Creme der damaligen Gesellschaft gehörten. Ein städtischer Arbeiter verdiente etwa fünf Schillinge pro Tag, ein Scheffel Roggen kostete 10 bis 20 Schillinge, ein Schwein sieben, ein Pferd 50 Taler. Ein Goldgulden entsprach etwa 30 Schillingen oder 2/3 Talern.

Der Generalvikar des Bistums Münster hielt die angebotene Summe jedoch für zu niedrig. Er verlangte 20.000 Taler. Darüber entbrannte ein neuer Rechtsstreit, der wiederum an die Freiburger Juristen delegiert wurde. Am 2. Mai 1590 entschied die Freiburger Fakultät, die Kaution habe 4.000 Goldgulden zu betragen. Auch in diesem Schriftstück wiesen die Gutachter darauf hin, daß sie einem Urteil in der Hauptsache nicht vorgreifen wollten.

Obwohl einige Mitglieder der Landesregierung mit diesem Gutachten nicht einverstanden waren, wurden die beiden Beschuldigten vorläufig aus der Haft entlassen.

Bereits nach dem ersten Freiburger Gutachten hatte der Stadtrat von Münster beschlossen, daß die beiden Domherren nicht in die Stadt zurückkehren dürften, solange sie nicht ein »freisprechendes Urteil erwirkt« hätten, wie es in der Polizeiordnung vorgeschrieben sei. Den Wächtern an den Stadttoren wurden entsprechende Befehle erteilt.

* * *

Merkwürdigerweise kam nie ein Gerichtsverfahren gegen Berndt von Oer und Johann von Westerholt zustande. In einem Attest, das Fürstbischof Ernst von Bayern am 20. Oktober 1592 ausstellte, sprach er allen bekannten und belegten Tatsachen Hohn.

Bischof Ernst erklärte, der Papst habe ihm aufgetragen, die beiden Beschuldigten wieder in ihre Ehrenämter einzusetzen, falls sich deren Aussagen bestätigten. Zwar habe er, Bischof Ernst, bisher geglaubt, die beiden seien nicht unschuldig, und von Oer sei schon deshalb in Ungnade gefallen, weil er aus dem Gefängnis geflohen. Andererseits habe er nun einen glaubwürdigen Bericht erhalten, »daß nach den in Bevergern ergangenen Akten beide sich der Bezichtigung entladen und ihre Unschuld dergestalt ans Licht gebracht sei«. Schließlich, führte Bischof Ernst weiter aus, habe die Universität Freiburg für Recht erkannt, daß die Denunziation falsch gewesen sei und die Domherren ihre volle Freiheit zurückerlangen sollten. Ihm, Ernst, stehe es nicht an, »die heilige Justitia und das eröffnete Recht zu versperren«. Da er »allen Verdacht und Ungnade« fallengelassen habe, so sollten Oer und Westerholt »keine Ungelegenheit mehr zu fürchten haben, sondern nach freiem Willen gehen und stehen, handeln und wandeln«. Aus landesfürstlicher Autorität kassiere und vernichte er daher alle Kautionen, Bürgschaften und Prozesse unter Auferlegung ewigen Stillschweigens.

Nun mögen die in Bevergern angelegten Akten durchaus falsche Angaben enthalten haben, die Freiburger Gutachten waren jedoch ganz und gar nicht mißverständlich. Die Freiburger hatten stets betont, daß sie kein Urteil über die Schuld oder Unschuld der beiden Verdächtigten abgeben könnten. Sie äußerten sich lediglich zu der Frage, ob den Domherren aufgrund ihrer Privilegien eine Entlassung aus der (Untersuchungs-)Haft gegen Kaution zustehe.

Wenn Bischof Ernst die Freiburger Gutachten so gründlich mißinterpretierte, wie er es tat, dann nur aus dem einzigen Grund, weil er verhindern wollte, daß Oer und Westerholt wegen des Mordes an dem Komtur Melchior Droste zu Senden bestraft wurden.

* * *

Der Stadtrat von Münster erkannte die Freisprechung der beiden Täter per landesherrlichem Dekret nicht an. Das freie Geleit, das der Bischof den Totschlägern zugesichert hatte, gelte nicht für die Stadt Münster. Dazu sei, nach dem Vertrag von 1558, die Zustimmung des Rates nötig, und die sei man nicht bereit zu geben.

Im Februar und März 1594 lehnte der Rat einstimmig die Bitten Oers und Westerholts ab, sie zu Geschäften in die Stadt zu lassen. Das Gerichtsverfahren sei zu Unrecht niedergeschlagen worden, und nach den uralten Bestimmungen und Statuten der Stadt könne der Rat nicht verantworten, den beiden in der Stadt freies Geleit zuzusichern.

Am 9. Oktober 1600 beschloß der Stadtrat, Berndt von Oer zu verhaften, falls er in der Stadt angetroffen würde. Auch im Mai 1612 und im Februar 1616 lehnte der Rat Anträge der ehe-

maligen Domherren ab, Münster betreten zu dürfen. Da Oer
und Westerholt nicht mehr an den Sitzungen des Domkapitels
teilnehmen konnten, mußten sie zwangsläufig auf ihre
Domherrenstellen verzichten.

* * *

49 Jahre nach der Ermordung des Komturs Melchior Droste
ereignete sich ein ähnlicher Vorfall, diesmal jedoch auf der
Domimmunität selbst. Nach einem heftigen Wortwechsel und
Handgreiflichkeiten im Hause des Domdechanten Mal-
linckrodt streckte der Generalwachtmeister Freiherr von West-
erholt (!) den Rittmeister von Klencke mit mehreren Degen-
stichen nieder. Zeuge war übrigens ein gewisser Obrist von
Oer (!) zu Palsterkamp. (Damals herrschte der Dreißigjährige
Krieg und viele Adelige des Stifts Münster waren Offiziere der
Kaiserlichen Armee.)

Von einem Duell oder Kampf, wie Westerholt es später dar-
zustellen versuchte, konnte eigentlich nicht die Rede sein. Die
Verletzungen Klenckes (ein Stich in die Seite, ein Stich durch
den Rücken in die Blase, ein Stich ins Bein) wiesen darauf hin,
daß der Rittmeister von hinten erstochen worden war.

Vorausgegangen war ein recht ungemütlich verlaufendes
Gastmahl im Hause Mallinckrodt, zu dem der Obrist Oer den
Klencke mitgebracht hatte. Klencke, sagte Mallinckrodt aus,
sei schon zu Anfang betrunken gewesen und habe sich unge-
bührlich benommen, worauf er, Mallinckrodt, gezwungen gewesen sei, den Klencke »niederzuwerfen«. (Ein anderer Zeuge sprach davon, der Rittmeister habe »des Herrn Domdechanten Arm im Mund« gehabt.) Generalwachtmeister Westerholt, so Mallinckrodt weiter, habe zu vermitteln versucht,
aber Klencke habe erneut »Händel angefangen«, Westerholt
zugerufen, er hätte ihn nicht zu kommandieren, ihn mit dem

Degen bedroht und sich dann »vermittelst Provokation« auf den Vorhof begeben. Dort sei schließlich die »unglückliche Verwundung« geschehen.

Da Klencke erst einen Tag später, am 25. August 1637, in *Wilckinghoffs Gasthaus* auf der Salzstraße, also auf städtischem Gebiet, verstarb, sah sich der Stadtrat gezwungen, die Sache zu untersuchen. Nach der üblichen Leichenschau verlangte der Stadtrat die Auslieferung des Täters, der sich im Hause seines Vetters Mallinckrodt aufhielt. Das Domkapitel wies (nach bekanntem Muster) das Ansinnen des Stadtrates zurück, da dies »altem Herkommen« zuwiderliefe. Im übrigen sei die Bestrafung »selbiger Generalsperson« Sache der kaiserlichen Kriegsobrigkeit.

Westerholts Vorgesetzter, der Generalfeldzeugmeister Graf von Wahl, ließ keinen Zweifel, auf wessen Seite er stand. In einem Brief an den Stadtrat schrieb er, Westerholt sei durch den Rittmeister Klencke »großer Despect, welchen eine Generalsperson keinesfalls zu gedulden«, widerfahren. Der Rat möge sich heraushalten und Westerholt nicht aufhalten, da dieser wegen des Kaisers Majestät »große Sachen« zu verrichten habe (Westerholt fungierte auch als Geheimkurier für den Kaiser).

Graf Wahl, ein alter Haudegen, der in der Schlacht am Weißen Berge den linken Arm verloren hatte und infolge einer weiteren Verwundung hinkte, betrachtete den Totschlag zuungunsten eines niederen Offiziersranges vermutlich als »Kavaliersdelikt«, seine Generalskollegen im Stift Münster, Velen und Leutersheim, hatten ähnliche Verbrechen auf dem Kerbholz.

Wahls Aufforderung an den münsterschen Rat, Westerholt nicht zu behindern, erwies sich jedoch als überflüssig, denn der Generalwachtmeister war inzwischen heimlich entkommen.

* * *

Trotzdem wollte der Stadtrat die Angelegenheit nicht auf sich beruhen lassen. Als am 4. Oktober 1637 General von Wahl sein Kommen in Münster durch einen vorausgesandten Trompeter ankündigte, wies der Rat die Hauptleute an den Stadttoren an, Westerholt, sollte er sich in der Begleitung Wahls befinden, nicht durchzulassen. Und tatsächlich saß Westerholt in der Kutsche des Generalfeldzeugmeisters.

Wahl war über das Ansinnen des Rates erbost, aber bevor es zu weiteren Disputen kam, sprang Westerholt aus der Kutsche und ritt mit den Worten, was ihm nun hier begegne, dessen werde er zu seiner Zeit gedenken, davon.

Fürstbischof Ferdinand von Bayern, ein Neffe seines Vorgängers Ernst, war mit der Behandlung des Vorgangs nicht ganz zufrieden. Er hatte eine Bittschrift der Verwandten Klenckes erhalten, die auf einige offene Fragen hinwies. Bischof Ferdinand pochte auf ein ordentliches Kriegsgerichtsverfahren gegen Westerholt.

Feldmarschall Graf Götz, Chef der kaiserlich-bayerischen Streitkräfte in Westfalen, wies General Wahl an, ein solches Verfahren durchzuführen. Am 1. Januar 1638 sprachen fünf höhere Offiziere das Urteil: Rittmeister Klencke sei »nicht Unrecht geschehen, sondern habe seinen verdienten Lohn empfangen«.

Der münstersche Stadtrat schloß sich diesem Urteil an. Am 22. März beschloß er, Freiherr von Westerholt habe fortan wieder das »Geleit in und zu dieser Stadt« zu genießen.

Allerdings konnte Westerholt davon keinen Gebrauch mehr machen. Er starb im Herbst 1638 bei der Belagerung der Festung Vechta.

Der menschen Mord sucht ungehindert noch
stets süende des Verbannt und gefangenen
so genanten Menschen Wölffe, und
Geist.

Grabschrifft.

Ich Wolff und Geist zu Gleich;
thät stets die Menschen plagen
Muß leiden aüd anjezt, das
mann zü mir thut sagen:

Sieh: dü verflüchter Geist,
bist in den Wolff gefahren;
hangst un am Galgen hier
geziert mit Menschen haaren:

Historische Abbildungen von Werwölfen

II

Der Werwolf Martin Blome (1605)

Die Legende vom Werwolf (= Wolfsmann) stammt von den Germanen. Danach verließ die Seele eines schlafenden Menschen den Körper und verwandelte sich in einen Wolf. Der Werwolf fiel Tiere und Menschen an und zerfetzte sie. Noch bis ins 18. Jahrhundert hinein war in Deutschland der Volksglaube verbreitet, daß auch durch Anlegen eines Wolffells oder eines Gürtels aus Wolfsleder eine solche Verwandlung ausgelöst werden könne.

Im Zusammenhang mit Zauberei- und Hexenprozessen im 16. und 17. Jahrhundert tauchte häufig der Vorwurf auf, der Beschuldigte sei ein Werwolf. So wurde Johan Schemmermann aus Senden im Jahr 1631 zum Tod durch das Feuer bestraft, »weil er nicht allein der Zauberei zugesagt, und daß er Gott Allmächtigen verleugnet und dem bösen Feind sich ergeben, sondern auch ein Werwolf gewesen und andere Biester gebissen und getötet« habe.

Der Stadtrat von Münster wies die denunziatorisch vorgebrachten Beschuldigungen, jemand sei ein Werwolf, in den meisten Fällen als unbegründet zurück. Anders verfuhr er in der Strafsache gegen Martin Blome. Dieser wurde 1605 der Werwölferei überführt.

* * *

Martin Blome wurde 1562 in einem kleinen Kotten in Greven geboren. Nachdem er kurze Zeit die Domschule in Münster besucht hatte, arbeitete er als Kaufmannsgehilfe bei seinem Onkel, Johann von Coesfeld, in Neuß. Dann nahm er eine Botendienststelle auf der fürstlichen Kanzlei in Münster an und machte sich später selbständig. Er arbeitete als Höcker (= Händler) und verkaufte Käse, Eier, Fisch und anderes mehr. Sein Laden befand sich auf der Rothenburg.

Einigen Bürgern, die Blome kannten, fiel auf, daß er plötzlich über erhebliche Geldsummen verfügte. Sein Handel erstreckte sich bis ins Ausland, und man fragte sich, wie der ehemals mittellose Köttersohn zu diesem Reichtum gekommen war.

Bald lief das Gerücht um, Blome sei ein Werwolf, er habe zwischen Uelzen und Hardenberg einen Kaufmann mit einem weißen Pferd überfallen. Ein anderes Gerücht besagte, er habe eine gewisse Marie Offenbrügge ermordet und deren Tuchwaren gestohlen, um auf solche Weise an Geld zu kommen.

* * *

Im Jahr 1604 wohnte in St. Mauritz ein Soldat namens Schramhenrich. Schramhenrich hatte Eheprobleme. Im Herbst desselben Jahres verließ ihn seine Frau Christina, und der Soldat erhielt nie wieder ein Lebenszeichen von ihr.

Im Frühjahr 1605 wurde Schramhenrich zugetragen, Christina sei in der Heide bei Uelzen tot aufgefunden worden. Fuhrleute hätten sie zusammen mit Martin Blome in *Holtmanns Kruge* am Hardenberg bei Itterbeck gesehen.

Schramhenrich bat einen Freund, Johann Schulte, in die Gegend zu reisen und sich zu erkundigen. Schulte suchte den Richter von Uelzen auf und erfuhr, daß man Anfang Januar 1605 abseits des Weges von Uelzen nach Itterbeck die Leiche einer erdrosselten Frau gefunden habe. Deren Gesicht sei »ganz makulirt und geschändet« gewesen, unter anderem hätten ihr die Nase und die Ohren gefehlt. Aber auch ein Finger sei abgeschnitten worden.

Schulte nahm einen Strohhut und einen Korb, die man bei der Leiche gefunden hatte, mit nach Münster, wo Schramhenrich anhand der Gegenstände erkannte, daß die Tote tatsächlich seine vermißte Frau gewesen war.

* * *

Über die Lebensgewohnheiten Martin Blomes war bekannt, daß er regelmäßig ein Wirtshaus neben der Minoritenkirche an der Neubrückenstraße aufzusuchen pflegte. Johann Schulte schlug seinem Freund Schramhenrich nun vor, Blome zu testen. Wie würde der reagieren, wenn er plötzlich den Strohhut und den Korb erblickte?

Am nächsten Tag setzte Schulte seinen Plan in die Tat um. Er drapierte Stohhut und Korb in dem Wirtshaus und wartete. Endlich kam Blome, um ein Glas zu trinken. Und die Falle schnappte zu.

Blome, erzählte Schulte später, sei bleich wie eine gekalkte Wand geworden und habe sich erschrocken bei ihm erkundigt, wo er gewesen sei. Schulte berichtete daraufhin von der Leiche und der Vermutung, daß es sich um Schramhenrichs Frau gehandelt habe. Aus den Äußerungen Blomes, gab Schulte in der anschließenden Untersuchung zu Protokoll, sei hervorgegangen, daß er bereits von der Ermordung gewußt habe.

Nun kam einer der Fuhrleute, die zum fraglichen Zeitpunkt in *Holtmanns Kruge* bei Hardenberg übernachtet hatten, nach Münster. Er wurde offiziell vernommen und berichtete, daß Blome und Schramhenrichs Frau Christina in *Holtmanns Kruge* zusammen logiert hätten. Am nächsten Morgen, als Blome und Christina aufbrechen wollten und schon auf dem Kutschwagen saßen, sei Christina von mehreren vor dem Haus stehenden Fuhrleuten verspottet worden. Daraufhin sei sie vom Wagen gesprungen und in die Heide gelaufen.

Der Stadtsekretär sandte ein Schreiben nach Hardenberg, das von dem dortigen Schultheißen beantwortet wurde. Der Schultheiß bestätigte, daß ein gewisser Martin Blome zusammen mit einer Frau in *Holtmanns Kruge* gesehen worden sei.

Augrund dieser Indizien beschloß der Stadtrat am 28. März 1605, Martin Blome wegen Ehebruchs zu verhaften und die Untersuchung auch auf Mord auszudehnen.

* * *

Bei seiner ersten Vernehmung gab Blome, der in zweiter Ehe verheiratet war, zu, daß er sich mit Christina Schramhenrich in *Holtmanns Kruge* getroffen habe. Das sei ihre erste und einzige gemeinsame Nacht gewesen.

Mit dem Mord wollte er allerdings nichts zu tun haben. Blome lenkte den Verdacht auf einen Filler (= Abdecker), der ebenfalls im *Kruge* übernachtet habe. Dieser sei am nächsten Morgen mit Christina weggegangen. Wie er gehört habe, sei die Leiche mit einem aus mehr als hundert Lappen bestehenden, sogenannten *Lazarusrock* bedeckt gewesen. Genau so einen Rock habe der Filler getragen, als er, Blome, ihn zuletzt gesehen habe.

Die Richtherren befragten Blome auch nach der Herkunft seines Vermögens. Blome gab widersprüchliche Antworten. Zuerst behauptete er, daß ihm sein Onkel, Johann von Coesfeld, Geld geschenkt habe, später, daß er es geerbt habe. Schließlich zog er sich darauf zurück, daß er sein Vermögen »mit saurem Schweiß« erworben habe.

* * *

Nach der ersten Vernehmung, einem sogenannten »gütlichen Verhör« (ohne Folter), entschied der Rat, daß zunächst weitere Ermittlungen nötig seien. Er schickte den Freigrafen Johann Kerkerinck nach Uelzen, Itterbeck, Neuenhaus und Nordhorn. (Der *Freigraf* war eine juristische Instanz unterhalb des Stadtrates. Er entschied, zusammen mit zwei, *Stuhlherren* genannten Ratsmitgliedern über Beleidigungs- und Ehestreitigkeiten, nahm Ausweisungen aus der Stadt vor oder arbeitete, wie im vorliegenden Fall, als Untersuchungsbeamter.)

Über das, was der Freigraf Kerkerinck herausfand, gibt es heute keine Angaben mehr. Auf jeden Fall muß sich der Verdacht gegen Martin Blome verhärtet haben, denn am 23. April beschloß der Rat, bei Blome die »Tortur« anzuwenden.

Die »Tortur«, auch »Peinliches Verhör« genannt, fand ihre Rechtsgrundlage in der 1532 von Kaiser Karl V. erlassenen »Constitutio Criminalis Carolina«, die die Bamberger Halsgerichtsordnung von 1507 fortschrieb und bis 1806 gültig blieb.

In Münster fanden die peinlichen Verhöre im Niesingturm und im Ludgeritor statt, und zwar sehr früh morgens, wohl um unnötiges Aufsehen zu vermeiden. Anwesend waren in der Regel die beiden Richtherren, der Stadtsekretär, mehrere Botmeister und der Scharfrichter.

Zu Beginn der Tortur trugen die Richtherren dem Beschuldigten noch einmal alle vorliegenden Indizien vor und ermahnten ihn, die Wahrheit zu sagen. Legte der Beschuldigte daraufhin kein Geständnis ab, begann der Scharfrichter mit der Folter.

Womit und wie lange in Münster gefoltert wurde, ist aus den erhaltenen Protokollen nicht abzulesen. Wenn aber, wovon auszugehen ist, die allgemeine Reichspraxis befolgt wurde, gab es drei bis fünf aufeinanderfolgende Härtegrade.

Grad Nummer eins war das schlichte Vorführen der Folterinstrumente durch den Scharfrichter. Danach entkleidete der Scharfrichter den Häftling. Grad Nummer zwei war das Anlegen der Folterinstrumente, zunächst ohne deren Anwendung. Erst dann kam es – sollte der Häftling immer noch nicht das sagen, was die Richtherren hören wollten – zur eigentlichen Folter. Diese steigerte sich vom Anlegen der Daumenschrauben über Beinschrauben (im Folterdeutsch: »Spanische Stiefel«) und »Streichen mit Ruten« (= Peitschen) bis zum »Aufziehen«. Bei der letztgenannten Methode wurden dem Beschuldigten die Hände auf den Rücken gefesselt und der Körper dann mit einem an den Händen befestigten Seil – manchmal über eine Leiter – hochgezogen. Um die Schmerzen zu steigern, konnten zusätzlich Gewichte an die Füße gehängt werden. Weitere Foltermöglichkeiten waren der Schlaf- und Nahrungsentzug, das Abreißen der Finger- und Zehennägel sowie der »Bock« (die Gefolterten saßen auf einem mit einer scharfen Klinge bestückten Holzbock).

Auf den Gedanken, daß die während der Folter abgelegten Geständnisse falsch sein könnten, weil die Gefolterten alles taten, um die unerträglichen Schmerzen zu beenden, kamen die damaligen Juristen nicht. Vielmehr glaubten sie, daß die Tortur die reine, unverfälschte Wahrheit ans Licht bringen würde.

Allerdings mußten die Beschuldigten das während der Folter abgelegte Geständnis später noch einmal bestätigen. Widerriefen sie, zum Beispiel mit dem Argument, daß sie nur geständen hätten, weil sie die Qualen nicht mehr ertragen konnten (was recht häufig vorkam), wurde die Tortur normalerweise wiederholt.

* * *

Auch Martin Blome brach in der Tortur zusammen und gestand, daß er Christina Schramhenrich umgebracht habe. Er habe gewußt, daß er sie in jener Gegend finden werde, und sie zu einer gemeinsamen Nacht in *Holtmanns Kruge* eingeladen. Am nächsten Morgen sei sie infolge des Höhnens der Fuhrleute vom Wagen gesprungen, und er, Blome, sei ihr in die Heide gefolgt. Dort hätten sie bis zur Nacht verweilt. Da sie ein paarmal geäußert habe, sie möchte gern tot sein, habe er sie mit dem Schürzelband gewürgt. Als dann plötzlich ein Sinneswandel eintrat und sie »Hülfe! Hülfe!« schrie, habe er ihr die Kehle abgestochen. Von Schrecken ergriffen, sei er sofort nach der Tat weggelaufen.

Im Geständnis Blomes waren zwei Widersprüche zu den bereits ermittelten Tatsachen enthalten. Zum einen hatte der Täter die Ermordete entkleidet und verstümmelt, zum anderen war sie, wie der Richter von Uelzen angegeben hatte, erdrosselt (und nicht erstochen) worden.

Während die Richtherren auf den letzten Widerspruch nicht eingingen, wollten sie doch zumindest den ersteren geklärt wissen. Zu diesem Zweck wiesen sie den Scharfrichter an, die Tortur zu verschärfen.

Daraufhin legte Blome ein zweites Geständnis ab. Er bekannte, daß er Christina vorsätzlich umgebracht habe. Um die Tat zu vertuschen, habe er ihr die Kleider ausgezogen und diese verscharrt.

* * *

Später widerrief Blome seine Geständnisse, »weil er es nur aus Pein gesagt habe«. Die Richtherren ermahnten ihn, »dem Lügengeist keinen Platz zu geben und sich vor Weiterungen zu hüten« (mit anderen Worten: Falls du nicht gestehst, wirst du noch einmal gefoltert!) Und Blome verstand. Er gab jetzt ein drittes Geständnis ab, eins, daß die Richtherren vollauf befriedigte. Christina habe gesagt, sie wolle sterben. Die Fuhrleute würden das, was sie in *Holtmanns Kruge* gesehen hätten, weitererzählen, und wenn ihr Mann es erführe, würde er sie erschießen. Also »müsse sie sich um den Hals bringen oder sich ertränken«.

Erneut zog sich Blome damit auf die »Tötung auf Verlangen« zurück, eine Behauptung, von der er sich zumindest mildernde Umstände versprechen konnte. Doch dann weist das Verhörprotokoll eine überraschende Wendung aus. Blome sagte, es sei so finster gewesen, daß man die Hand nicht vor den Augen habe sehen können. Da habe ihn der »böse Feind« (den Teufel nannte man damals nicht beim Namen, »böser Feind« war die gängige Umschreibung) gereizt, und er habe sie umgebracht.

Man kann nur darüber spekulieren, warum Blome an dieser Stelle den Teufel ins Spiel brachte. Vermutlich hat er auf entsprechende Fragen der Richtherren geantwortet. Er verbaute sich damit auf jeden Fall den letzten Ausweg, aus der Geschichte glimpflich herauszukommen. Der Pakt mit dem Teufel war so ziemlich das schlimmste Verbrechen, das man bis zur Mitte des 17. Jahrhunderts begehen konnte. Mit dem Geständnis, der »böse Feind« habe ihn zu der Tat angestachelt, hatte Blome nicht nur sein Todesurteil unterschrieben, er durfte jetzt nicht einmal auf eine humane Art der Hinrichtung hoffen.

* * *

Aber auch mit diesem Geständnis war der Stadtrat noch nicht zufrieden. Weil Blome seit Jahren der Werwölferei und etlicher Mordtaten verdächtig sei und er nichts dagegen unternommen habe, seine Angaben über die Erbschaft zudem falsch gewesen seien, beschloß der Rat, Blome noch einmal mit der Tortur zu bedrohen und ihn nach den anderen Straftaten, die »flugmährig« (= gerüchteweise) über ihn verbreitet würden, zu befragen.

Ob Blome tatsächlich noch einmal gefoltert wurde, ist heute nicht mehr nachzuvollziehen. Die erneute Befragung brachte jedenfalls keine zusätzlichen Geständnisse. Blome erklärte, er wolle sich »von Glied zu Glied zerreißen lassen«, wenn er sonstiger Mordtaten überführt würde.

Am 8. Juli entschied der Rat, nach Verlesung des außerhalb der Tortur bestätigten Geständnisses (den Mord an Christina Schramhenrich betreffend), daß am nächsten Tag der Gerichtstag abgehalten werden solle. Obwohl Blome noch anderer Mordtaten verdächtig sei, reichten die bekannten Taten bereits aus, um ihn zum Tode zu verurteilen. Der Rat ließ allerdings noch offen, ob in diesem schweren Fall aufgrund des Artikels 137 der Halsgerichtsordnung »die ordentlich Strafe des Rades etwa mit Schleifen oder Zangenreißen« zu verhängen sei.

* * *

Der Gerichtstag diente in der damaligen Zeit nicht der Verhandlung in der Sache, sondern der öffentlichen Verkündung des Urteils, das schon vorher feststand, mit anschließender Vollstreckung desselben. Der Sinn der Veranstaltung lag einerseits darin, die Schaulust des Publikums zu befriedigen, das aus Hinrichtungen eine Art Volksfest machte, zum anderen sollten potentielle Verbrecher abgeschreckt werden.

In Münster fand der Gerichtstag auf der »Galgheide«, dem Hinrichtungsplatz vor dem Aegidiitor, statt. Der (vom Bischof bestellte) Richter kündigte dem Beschuldigten den Gerichtstag »zum dritten Leuten« des nächsten Tages an. Während der Richter beim Gerichtstag präsidierte, tagte gleichzeitig der

Stadtrat im Rathaus, und zwei Botmeister pendelten zwischen den beiden Orten hin und her. Nachdem der Beschuldigte sein Geständnis noch einmal öffentlich wiederholt hatte, beschloß der Rat das Urteil, das von den Botmeistern überbracht und vom Richter verkündet wurde.

Seit 1599 weigerte sich der Richter (auf Befehl des Bischofs), den Gerichtstag anzukündigen und ihm vorzusitzen. Der Bischof wollte erreichen, daß der Richter an der Tortur und der Urteilsfindung mitwirkte, um die bischöfliche Teilhabe an der Gerichtsbarkeit der Stadt zu demonstrieren, was der Stadtrat jedoch stets ablehnte. Auf diese Weise lebte der vom Bischof bezahlte Richter im Zustand des Dauerurlaubs.

Auf der anderen Seite versäumte der Rat es nie, den Richter auf seine repräsentativen Pflichten hinzuweisen. Das führte manchmal zu kuriosen Versteckspielen. So etwa im Jahr 1602, als dem des Totschlags bezichtigten Gerhard Böntrup der Gerichtstag angekündigt werden sollte. Die Magd des Richters ließ die Botmeister wissen, der Richter sei ausgegangen. Das, vermerkt das Ratsprotokoll erbittert, sei jedoch nicht zu vermuten gewesen, »da es den ganzen Morgen geregnet«.

* * *

Auch im Fall Martin Blomes weigerte sich der Richter, den Gerichtstag anzukündigen und demselben zu präsidieren, weil er von den fürstlichen Räten noch keine anderweitige Anweisung erhalten habe. Der Rat beauftragte daher die beiden Richtherren (die ja Mitglieder des Stadtrates waren) mit dieser Aufgabe.

Die Richtherren berichteten anschließend, Blome habe heftig um Gnade und »kein Recht« gebeten (mit anderen Worten: um eine möglichst schmerzlose Hinrichtung). Außerdem habe er nach den beiden Kaplänen von St. Martini verlangt. Die

Beichtväter und Tröster wurden dem »Verstrickten« gestattet, was das Urteil anging, ließ sich der Rat nicht erweichen.

Am 9. Juli 1605 hielten die Richtherren den Gerichtstag ab. Martin Blome wurde der Entleibung und des Ehebruchs für schuldig befunden. Das Urteil fiel sehr drastisch aus. Der Rat hielt es nach Artikel 137 der Halsgerichtsordnung für angemessen, den Verstrickten auf ein Rad zu setzen, ihm mit der Axt Arme und Beine entzweizuschlagen und einige Zeit später zu enthaupten. Eine Bestattung in geweihter Erde wurde dem Verurteilten nicht vergönnt. Sein Körper sollte auf dem Rad verbleiben, der Kopf auf dem Radpfahl aufgespießt werden. »Andern zum abscheulichen Exempel«, wie der Rat ausdrücklich betont.

Das Urteil wurde am selben Tag vollstreckt.

* * *

Ende März 1607 befand sich das Rad mit (oder ohne) den Überresten Martin Blomes noch immer auf der Galgheide. Denn die Stadtchronik vermerkt zu diesem Zeitpunkt, daß jemand über Nacht den Pfahl umgehauen habe. Zunächst wurden Martin Blomes inzwischen wiederverheiratete Witwe und sein Bruder verdächtigt, denn die Witwe hatte versucht, Berndt Blome zu überreden, den Pfahl umzuhauen. Dieser äußerte jedoch, er habe sich geweigert, »der Herren von Münster Gericht zu schänden«. Trotzdem wären beide ins Gefängnis geworfen worden, wenn nicht der Junker Eberhard Bischopinck auf Haus Geist zugegeben hätte, daß sein geisteskranker Bruder Ludwig der Täter war. Ludwig meinte, der Rat solle Martin Blome nicht länger quälen, der sei lange genug gequält.

Der Rat war anderer Meinung. Er beauftragte den Scharfrichter, den Pfahl wieder aufzurichten und so zu verketten, daß er nicht wieder umgehauen werden könne.

Die Hexenprobe

III

Der Lynchmord an Anna Holthaus,
die verdächtigt wurde, eine Hexe zu sein (1644)

Am 15. März 1644 wurde Anna Holthaus, eine etwa sechzig-
jährige Frau, jenseits des Stadtgrabens vor dem Ludgeritor von
einer Gruppe Straßenkinder angegriffen. Die Kinder bewar-
fen die alte Frau zunächst mit Steinen, dann ergriffen sie die
durch Folter und Haft geschwächte und warfen sie in den Stadtgraben. Anna Holthaus machte keinen Versuch mehr, ihr Leben zu retten, sie ertrank.

Den kleinen Mördern, obwohl namentlich bekannt, geschah
nichts. Sie hatten des Volkes Stimmung auf ihrer Seite. Niemand, nicht einmal der Stadtrat, traute sich, sie zu bestrafen.

Dabei sah es der Stadtrat eigentlich nicht gern, wenn in
Münster Lynchjustiz geübt wurde. Noch 1627 hatte er eine
Verfügung erlassen und Eltern und Handwerker dazu aufge-
fordert, »ihre Kinder in besserem Zwange und gehorsam« zu
halten sowie »ihren Knecht und Jungen dergleichen Mutwillen
ernstlich (zu) verbieten, sie davon abhalten, und ein jeder auf
seine Kinder, Kostgänger, Knechte, Mägde, auch Jungen und
ganzes Hausgesinde dergestalt acht gebe und sie im Zaum
halte«.

Zu Akten von Selbstjustiz kam es vor allem im Zusammenhang mit Personen, die der Zauberei verdächtig waren, meistens Frauen, die landläufig auch Hexen genannt wurden.
Nicht, daß der Stadtrat nicht selbst aktiv wurde, wenn gegen
jemand der Vorwurf erhoben wurde, den Schadenzauber zu

praktizieren. Aber manchmal ließ sich, trotz Gefängnis und peinlichem Verhör, nicht nachweisen, daß es sich tatsächlich um eine Hexe handelte. Und wenn der Stadtrat die Beschuldigte dann freisetzte oder sie der Stadt verwies, schlug die Stunde des Mobs, der die vermeintlichen Hexen am liebsten auf dem Scheiterhaufen brennen sah.

* * *

Der Verdacht gegen Anna Holthaus, eine Hexe zu sein, wurde ausgerechnet von ihrem Pflegekind Arnold Ramers aufgebracht, einem achtjährigen Jungen. Anna hatte Arnold sieben Jahre lang betreut, dann war sie wohl zu alt oder aus anderen Gründen nicht mehr in der Lage, Arnold zu versorgen und zu erziehen. Arnold bekam eine neue Pflegemutter, Gertrud Klaholt.

Als Arnold knapp zwei Monate in ihrer Pflege war, bemerkte Gertrud Klaholt Sonderbares an dem Jungen. Er berichtete von einem schwarzen Mann mit feurigen Augen, der in seinem Zimmer sein sollte. Nach einem gemeinsamen Kirchgang erzählte Arnold der ob solcher Dinge erschütterten Klaholt, daß er die Zauberei von der »alten Mutter« (Anna Holthaus) gelernt habe und daß er zusammen mit ihr auf dem »Tanz« (= Hexentanz) gewesen sei. Nachts überkamen Arnold seltsame Anfälle, auch dann sprach er von dem »schwarzen Mann«.

Gertrud Klaholt wandte sich an einen Geistlichen, einen Kapuzinermönch. Dieser zeigte Anna Holthaus wegen Zauberei an. Der Stadtrat ließ Anna Holthaus verhaften und eröffnete ein Untersuchungsverfahren. Am 30. Dezember 1643 fand die erste Zeugenbefragung statt.

Gehört wurden Gertrud Klaholt, Bernd Heumann und Catharina zum Dyckhaus. Gertrud Klaholt ergänzte ihren bisherigen Bericht dahingehend, daß Arnold häufig so stark gequält und gepeinigt würde, daß ihm der Angstschweiß auf der Stirne stände. Spräche man ihn in diesem Zustand mit seinem christlichen Taufnamen an, oder fiele das Wort Jesus oder Maria, so finge er an zu lachen.

Bernd Neumann war ein Nachbar der Holthaus und von Beruf Baumeister. Er konnte nichts Nachteiliges über Anna sagen, außer vielleicht, daß Arnold Ramers ernsthaft erkrankte, nachdem er Anna zur Pflege gegeben worden war.

Auch die Dienstmagd Catharina zum Dyckhaus wußte von der Krankheit des Kindes. Sie wollte ebenfalls nichts Schlechtes über Anna berichten, erzählte jedoch, daß diese eine andere Frau, die Klucksche, um Hilfe bezüglich der Krankheit ihres Pflegekindes gebeten habe. Die Klucksche wiederum habe eine »Wickersche« (= Wahrsagerin) in Dülmen aufgesucht und um Rat gefragt. Die Antwort der Wahrsagerin habe gelautet, »daß des Kinds Großvater in Gestalt eines schwarzen Mannes mit einem feurigen Stab auf dem Erbe Ramers ginge und dem Kind solches Elend antäte«.

Soweit die mageren Vorwürfe gegen Anna Holthaus. Eine Wahrsagerin zu befragen (hier ja nur über eine Mittelsfrau), war an sich nicht verwerflich, weder die Mittelsfrau noch die Wahrsagerin wurden im Folgenden belangt. Strafbar war nur der Schadenzauber (das Maleficium). Selbst stramme Katholiken, wie der bereits erwähnte Fürstbischof Ernst von Bayern, der das Stift Münster von 1585 bis 1612 regierte, waren abergläubisch. Ernst trug Amulette, auf deren wunderbare Wirkung er vertraute.

* * *

Im nächsten Untersuchungsschritt wurde Anna Holthaus selbst befragt. Zur Person gab sie an, aus Albersloh zu stammen, wo sie schon im Alter von neun Jahren als »Hirtedirn« gearbeitet hätte. Sie war unverheiratet, hatte aber zehn Kinder zur Welt gebracht, von denen die meisten im Säuglingsalter starben. Vor zehn Jahren war sie nach Münster gezogen und wohnte seitdem in der Hollenbecker Straße im Stadtteil Überwasser. Drei Jahre später sei ihr Arnold Ramers zur Pflege und Erziehung übergeben worden. Mit der Pflege hatte sie ihren kärglichen Lebensunterhalt aufgebessert – sie bekam für das Kind eine wöchentliche Ration von acht Pfund Brot, ein halbes Pfund Butter sowie täglich zwei Maß Getränke.

Anna gab zu, eine Frau zu der Wahrsagerin nach Dülmen geschickt zu haben, als sie wegen der vor einem Jahr einsetzenden Krankheit Arnolds nicht mehr weiter wußte. Die Wahrsagerin hatte geraten, einen halben Taler an arme Leute zu verschenken, was sie auch befolgte. Eine Besserung trat trotzdem nicht ein. Anschließend hatte Anna zehn Pfund Brot an Arme verteilt, weil Arnolds Mutter während der Schwangerschaft angeblich solches gelobt hatte. Als letztes Mittel erwarb sie ein halbes Pfund Wachs für ein (religiöses) Bild. Dieses habe sie »für das Heilige Sakrament zwei Tage hängen lassen. Danach habe sie das Bild wieder abnehmen und daraus zwei Wachskerzen machen lassen, deren eine vor das Heilige Sakrament, das andere auf St. Katharinen Altar setzen und ausbrennen lassen, (...), hoffend, daran nicht übel geschehen zu sein, weil es zu der Ehren Gottes getan«.

Anna Holthaus war sich wohl nicht sicher, wie diese (durchaus übliche) Methode, nämlich geweihte Kerzen zur Behandlung übernatürlicher Krankheiten einzusetzen, von den Richtherren aufgenommen würde. Deshalb entschuldigte sie sich quasi dafür und betonte, daß es zu »Ehren Gottes« geschehen sei.

Gleichwohl nutzte aller Wunderglaube nichts, Arnolds Krankheit besserte sich nicht. Mit den Aussagen Arnolds konfrontiert, sie habe ihn die Zauberkunst gelehrt und sei mit ihm auf dem Hexentanz gewesen, beteuerte Anna, ihm nichts Böses, sondern nur gute, andächtige Gebete beigebracht zu haben. Darüber, bot sie an, wolle sie wohl auch die »Wasserprobe« bestehen. Das war ein entscheidender Fehler.

Die »Wasserprobe«, auch »Hexenbad« genannt, bildete zusammen mit anderen, regional und zeitlich unterschiedlich ausgeprägten Proben das »Gottesurteil« (Ordal). Das Gottesurteil wurde als ein Mittel angesehen, eine Hexe zu identifizieren.

Die Wirksamkeit der Wasserprobe beruhte auf der Vorstellung, daß das Wasser alles Teuflische abstoße, da der Teufel »leichter und ätherischer Natur« sei. Nach vollzogenem Teufelspakt sei die Hexe vom Teufel durchdrungen, daher ebenfalls leichter als Wasser, und könne nicht untergehen.

Bei der Wasserprobe wurden den der Hexerei verdächtigen Personen die Arme kreuzweise mit den Füßen zusammengebunden. Dann warf man sie, an einem Seil befestigt, dreimal hintereinander ins Wasser. Als überführt galt, wer dabei nicht unterging.

Auch in Münster wurde im 16. Jahrhundert die Wasserprobe angewandt. Um 1594 änderte sich jedoch die Haltung des Stadtrates. Der Rat argumentierte jetzt, jeder Körper neige natürlicherweise dazu, unterzugehen, und es sei nicht zu vermuten, daß Gott an Zauberinnen ein Wunder tue. Er folgte damit der Meinung zeitgenössischer Hexentheoretiker, die das Gottesurteil ablehnten.

Wer fortan in Münster die Wasserprobe freiwillig anbot, machte sich damit nur noch mehr verdächtig, da er (oder sie) das Gericht zu überlisten versuchte. Diesen Fehler machte auch Anna Holthaus, als sie, vermutlich in dem naiven Glauben, ihre Unschuld beweisen zu können, sich der Wasserprobe stellen wollte.

* * *

Alles in allem stellte sich die Beweislage für den Stadtrat mehr als dürftig dar. Der einzige Belastungszeuge war ein achtjähriger Junge, und der Rat griff bei seinen Hexenprozessen nicht gern auf die Zeugenaussagen von Kindern und offensichtlich Geisteskranken zurück. Hinzu kam, daß Anna Holthaus niemals Gegenstand eines öffentlichen Gerüchtes gewesen war. Bei den anderen, der Zauberei verdächtigen Personen hatte sich dieses Gerücht oft schon jahrelang vor ihrer Verhaftung verbreitet.

Auf der anderen Seite gehörte Anna genau dem Personenkreis an, aus dem in Münster (fast) alle Opfer von Zaubereiprozessen stammten.

Von den 40 Personen, gegen die zwischen 1552 und 1644 Ermittlungsverfahren angestrengt wurden, waren 30 weiblichen Geschlechts. Unter den 30 (überwiegend älteren) Frauen dominierten die unverheirateten und verwitweten, wahrscheinlich deshalb, weil sie ohne den Schutz eines (Ehe-) Mannes leichter zur Zielscheibe von Denunziationen werden konnten. Sämtliche Betroffene stammten nicht aus Münster, gehörten der unteren sozialen Schicht an und arbeiteten als Dienstmägde, Krankenpflegerinnen oder Hebammen. Nur ein Angeklagter besaß das Bürgerrecht (bezeichnenderweise wurde das Verfahren gegen ihn besonders gründlich durchgeführt).

* * *

Am 2. Januar 1644 verhörten die Richtherren Arnold Ramers im Hospital. Dorthin war er inzwischen gebracht worden, weil er schwere Lähmungserscheinungen aufwies. Arnold bestätigte nicht nur seine bisherigen Aussagen, er malte sie auch weiter aus.

Besonders wild ging es beim sogenannten Hexensabbat zu, zu dem Arnold von Anna mitgenommen worden sein wollte. Um zum Tanzplatz zu kommen, an dem sich die Hexen trafen, habe ihn Anna aus einem Töpfchen eingerieben (eine Zaubersalbe, die die Flugfähigkeit steigerte – der Tanzplatz lag oft weit vom Wohnort entfernt). Ein anderes Mal gab Arnold an, der Teufel habe ihn in einer Schubkarre abgeholt (ein Bild, in dem der Junge unbewußt seine Krankheit reflektierte).

Auf dem Tanz traf Arnold viele schöne Frauen und Männer, die miteinander tanzten und andere Dinge trieben. Der Teufel selbst machte dazu die Musik (nach Schilderungen anderer spielte er entweder auf einer schwarzen Geige oder schlug die Trommel mit einem Hasenschwanz).

Arnold bezeichnete den Teufel als »Buhlen«. Dieser habe ihm ein Zeichen in die Stirn gekratzt (damit war Arnold in die Teufelssekte aufgenommen). Später nahm er eine weibliche Gestalt mit Schweinekopf an und lag »bei ihm zwischen den Beinen« und trieb »Unzucht mit ihm«. Der Buhle Annas dagegen war eindeutig männlich, »ein gewaltiger dicker Mann, mit grausamen großen Augen«.

Nach dem Tanz zelebrierte der Teufel eine schwarze Messe. Anna übernahm dabei die Aufgabe eines Kerzenständers. Sie sei »auf dem Kopf gestanden, zum Leuchter, und (es) sei ihr eine Kerze in den Hintern gesetzt«.

Während des Mahls lernte Arnold, wie man aus Mehl Hasen, Katzen, Mäuse, Schweine und Wölfe zaubert. Außerdem gab es Kinderfleisch zu essen oder Gerichte, die sich auf dem Tisch in Schweine- oder Pferdekot verwandelten.

Die Richtherren wollten wissen, was Anna Arnold beigebracht habe. Die Zauberei, antwortete der Junge. Zu Hause, in der Hollenbeckerstraße, habe er Gott und den Heiligen absagen müssen, wobei er drei Fuß zurückgetreten sei (das allgemein übliche Ritual). Und katholische Gebete habe er von ihr schon gar nicht gehört, stattdessen ein Gebet gegen die Nachtmare. Dieses lautete: »Ich verbiete dir Nachtmare, daß du mir kommest, eher du alle Grasspire zählest, eher du alle Wasser schwimmest, eher du alle Eichbäume klimmest. Gott sei mit mir. Ich bin mit ihm von nun an bis in Ewigkeit. Amen.« (In diesem Fall sagte Arnold übrigens die Wahrheit. Anna bestätigte, ihn dieses Gebet gelehrt zu haben. Sie selbst habe es von einer alten Frau erlernt, »weil sie von dem Nachtmare mehrere Male geplagt gewesen, daß sie sich nicht habe bewegen können, bis sie im Mund mit der Zunge ein Kreuz gemacht, worauf, als sie es getan, der Mar vom Bett gefallen wäre wie eine Katze«.)

Die Richtherren waren von den Erzählungen Arnolds nicht vollständig überzeugt. Sie schreckten vermutlich auch davor zurück, die Anklage allein auf der Aussage eines Achtjährigen aufbauen zu müssen. Also griffen sie zu einem Mittel, das in den münsterschen Zaubereiprozessen selten angewandt wurde, nämlich die Konfrontation. Aber auch, als sich Arnold und Anna von Angesicht zu Angesicht gegenüberstanden, beharrte der Junge darauf, daß er die Wahrheit gesagt habe. Anna Holthaus bestritt dies energisch.

Am 7. Januar begaben sich die Richtherren erneut ins Hospital. Eigentlich wollten sie Gertrud Klaholz nochmals vernehmen, aber inzwischen hatte sich Arnold etwas Neues einfallen lassen. So beschäftigten sich die Richtherren ausschließlich mit ihm.

Arnold erzählte, sein Buhle habe ihm auf dem letzten Tanz einen Zettel in die Hand gedrückt, auf den er mit schwarzer Tinte hätte schreiben müssen, daß er sich mit Leib und Seele seinem Buhlen übergeben habe und kraft der Handschrift zu ihm zu halten verspreche. Diesen Zettel habe der Buhle in einen anderen gewickelt und in ein Kästchen gesteckt, in dem bereits viele solcher Verschreibungen gelegen hätten.

* * *

Am 9., 11. und 16. Januar beschäftigten sich die Richtherren mit anderen Zeugen. Allzu viel kam dabei nicht heraus.

Elsa Varwick berichtete, daß sie die »Klucksche« wegen ihres zu Fall gekommenen Kindes auf Vorschlag von Anna zu der Wahrsagerin nach Dülmen geschickt habe.

Anna Wenning von Bösensell hatte, als sie in allen Gliedern heftigen Schmerz verspürte, auf Rat von Anna Holthaus die »Klucksche« ebenfalls nach Dülmen gesandt. Die Wahrsagerin hatte antworten lassen, das Gebrechen rühre von alten Gelübden her. Und nachdem die Zeugin, wie befohlen, drei Talgkerzen zu Ehren »unserer lieben Frau« vorm Heiligen Sakrament geopfert und drei verschiedenen Siechenhäusern jeweils drei Schillinge gespendet hatte, war sie wieder gesund geworden.

Die »Klucksche« selbst, die eigentlich Anna Dirking hieß, erklärte, daß sie sehr häufig und zwar von allen möglichen Leuten zu der »Wickerschen« entsandt worden sei. Im Falle Arnolds habe die Wahrsagerin nicht helfen können, da der Knabe vom bösen Geist gequält würde.

Der Bürger Philipp Entrup wollte gesehen haben, wie der Sohn von Anna Holthaus im Garten und am hellen Tage von Geistern so heftig mit Ruten geschlagen wurde, daß er zur Erlernung eines Handwerkes nicht mehr imstande war.

Die gravierendste Beschuldigung kam von dem Schneider Heinrich Schmidt, der glaubte, die eigenartige Erkrankung seines Kindes auf den Genuß eines Apfels, den Anna dem Kind geschenkt hatte, zurückführen zu können.

Schmidts Frau, Anna Ortmann, fügte hinzu, Anna Holthaus habe ihr wiederholt geraten, eine »Wickersche« zu befragen. Anna Ortmann befolgte jedoch den Rat eines anderen Mannes und schickte eine Urinprobe des Kindes zu einem gewissen Henrich Lohmann, der das Kind für vergiftet erklärte und ein Pülverchen im Wert von vier Schillingen zum Einnehmen verordnete. (Henrich Lohmann aus Nordwalde, vorbestraft wegen Wahrsagerei, war im November 1627 in Münster verhaftet und aus der Stadt verwiesen worden, weil er auch hier seine »unziemlichen« Dienste angeboten hatte.)

Im Fall Ortmann kam für Anna erschwerend hinzu, daß sie sich einige Zeit später nach dem Wohlergehen des Kindes erkundigt hatte. Da man ihr Schadenzauber (durch den vergifteten Apfel) unterstellte, machte sie sich dadurch nur noch verdächtiger.

Andere Zeugen gaben an, Anna habe ihre Jungfräulichkeit bereits im Alter von zwölf Jahren verloren und etliche Jahre mit dem Vater ihrer unehelichen Kinder zusammengelebt, einige meinten beobachtet zu haben, daß sie mit einer verdächtigen alten Frau Umgang hatte.

Anna Holthaus selbst gab zu, daß sie eine Zeitlang »unehrbarlich gelebt« hätte. Ansonsten aber habe sie sich »fromm verhalten, wüßte auch nicht, daß irgendwo in ihrer Nachbarschaft Kühe oder Viehe unzeitig verreckt oder gestorben« seien (das bekannteste Merkmal für Schadenzauber).

* * *

Am 22. Januar ließ der Rat vom Stadtsyndikus Witfeld, der gleichzeitig als öffentlicher Ankläger fungierte, 27 schriftliche Fragen entwerfen, die man Anna Holthaus zur Beantwortung vorlegte. Die Fragen enthielten keine neuen Verdachtsmomente, sondern listeten nur die altbekannten auf.

Anna beantworte die Fragen am 27. Januar. Sie bestritt noch einmal, Arnold in die Zauberei eingeführt zu haben, da sie deren selbst nicht mächtig sei. Auch wies sie den Vorwurf zurück, Arnold nur wegen der materiellen Vorteile (die vom Hospital gestellte Verpflegung) behalten zu haben. Die Vermutung, sie könne Arnold die sich jetzt verschlimmernde Krankheit angezaubert haben, ließ Anna aufbrausen. Sie würde, antwortete sie, wenn sie zaubern könnte, lieber jemand anderem etwas antun als ausgerechnet dem Jungen; diesen hätte sie viel zu lieb.

Bezüglich der (durchaus berechtigten) Frage, von wem Arnold die Geschichten über den Hexensabbat gehört haben könne, war sie selbst ratlos. Entweder es sei ihm vom »bösen Feind« eingegeben worden, oder er habe es auf der Straße oder in der Schule gelernt.

Dann warf man ihr vor, von sich aus die Wasserprobe angeboten zu haben. Anna sagte, sie habe »gehört, daß sich etliche aufs Wasser berufen, so teils unschuldig, auch wohl schuldig befunden worden«.

Schließlich wollte man sie in Verbindung mit einer alten Frau im Kirchspiel Albersloh bringen, die verbrannt worden war, weil sie drei ihrer Kinder mit einer großen Knopfnadel umgebracht hatte. Dieser Vorgang lag jedoch bereits 40 Jahre (!) zurück, und Anna konnte sich nur noch vage an die Frau erinnern.

* * *

Hatte der Stadtrat gehofft, Anna würde ein Geständnis ablegen, so sah er sich getäuscht. Das Richterkollegium steckte in einer eklatanten Beweisnot. Weitere 23 Frageartikel wurden verfaßt. Sie dienten hauptsächlich dem Zweck, Anna in irgendwelche Widersprüche zu verwickeln, die dann die Anwendung der Tortur hätten rechtfertigen können. Dies mißlang ebenfalls.

Neue Zeugen wurden vernommen. Unter anderen Annas
Nichte Agnes Malteser, die aussagte, Anna wäre »allzeit, so
lang sie dieselbige gekannt, viel mit Geistwerks umgegangen,
habe aber von ihr keiner Zauberei halben gehört«. Auf die Frage, was sie mit »Geistwerks« meine, erklärte sie, Anna habe
stets Krankheiten auf den Einfluß von Geistern zurückgeführt.

Der Rat war einigermaßen ratlos. Vielleicht suchte er auch
nach einer Möglichkeit, ohne Gesichtsverlust aus der Geschichte herauszukommen und das Verfahren einzustellen. Jedenfalls griff er auf den geistlichen Rat des Jesuiten Martin
Delrio zurück, der in seinen »disquisitiones magicae« folgende Methode empfahl: Kindern unter 14 Jahren, die solche Behauptungen aufstellten, sollten unter Entkleidung des Körpers
Rutenstreiche angedroht werden.

Genau dies geschah mit Arnold Ramers. Um die Szenerie
möglichst echt zu gestalten, holte man sogar den Scharfrichter. Als dieser Arnold das Wams vom Körper zog, fing der Junge an zu schreien und zu weinen. Aber der Aufforderung, eine
andere Person zu nennen, von der er die Zauberkunst gelernt
habe, kam er nicht nach. Stattdessen belastete er Anna erneut.
Vergangene Nacht habe ihn Anna durch seinen Buhlen bitten
lassen, seine jetzige Pflegerin zu vergiften.

Noch einmal wurde Anna Arnold gegenübergestellt. Auch
diese Konfrontation erbrachte nichts. Weitere Zeugen bestätigten nur Altbekanntes.

Als Annas Tochter aus der Stadt flüchtete, ergriff der Stadtrat
die Gelegenheit und wertete die Flucht als zusätzliches, belastendes Indiz. Jetzt endlich glaubte er sich berechtigt, gegen
Anna die Tortur anwenden zu dürfen. (In seiner Zusammenfassung der vorliegenden Indizien schrieb der Syndikus am
12. Februar, daß aus der Beschuldigung Arnold Ramers allein

»ein beständiges Indicium nicht zu schöpfen« sei, erst in einer Zusammenschau mit anderen Verdachtsmomenten könne es »pro pleno indicio« gehalten werden.)

* * *

Am frühen Morgen des 15. Februar 1644 wurde Anna Holthaus im Ludgeritor gefoltert. Bei der Entkleidung der Beschuldigten entdeckte der Scharfrichter ein Stigma auf ihrem Rücken. Er machte die Nadelprobe, das heißt, er stach mit einer Nadel in das Mal an der Schulter. Das Mal erwies sich als undurchlässig, auch zeigte Anna keine Schmerzreaktion. Eigentlich ein belastendes Indiz, denn die Nadelprobe galt ebenfalls als Gottesurteil. Wenn aus dem Mal (oder der Narbe) kein Blut floß und keine Schmerzreaktion erfolgte, glaubte man, ein »stigma diabolicum«, mit dem der Teufel seine Verbündeten kennzeichnete, entdeckt zu haben.

Als der Scharfrichter dem Rat darüber später Bericht erstattete, nahm dieser die Entdeckung zurückhaltend auf (wahrscheinlich wegen seiner sowieso kritischen Haltung Gottesurteilen gegenüber).

Anna erklärte das Stigma übrigens als Pestnarbe, die sie sich bei der Pestepidemie vor 25 Jahren zugezogen habe.

Die Tortur dauerte etwa eine halbe Stunde. Anna blieb dabei, daß Arnold lüge.

Am 3. März befragten die Richtherren Anna noch einmal »gütlich«. Ob sie denn niemanden wisse, von dem Arnold die Zauberkunst gelernt haben könne.

Zum ersten Mal wich Anna von ihrer bisherigen Linie ab und belastete jemand anderen. Die Gesundheit der alten Frau war von den schweren Haftbedingungen und der Folter zerrüttet. Ihre Beine waren angeschwollen und von Frostbeulen bedeckt. So sah sie wohl in dieser Frage den letzten Ausweg, lebend aus dem Gefängnis herauszukommen. Arnold, erzählte sie den Richtherren, habe, als er zur Überwasserschule gegangen sei, viel mit einer Weibsperson namens Katharina Vendts verkehrt. Diese hätte bei ihrer Verhaftung gezittert und gebebt.

Arnold, dazu befragt, beharrte auf seinem Standpunkt, durch Anna und nicht durch Katharina Vendts zur Verleugnung Gottes geführt worden zu sein.

Der Stadtrat zog den Scharfrichter, Franz Henrich von Rüden, zu Rate. Dieser meinte, es sei andernorts üblich, die vermeintlichen Hexen länger und härter zu foltern. Bei einer Leibesvisitation entdeckten die Richtherren, außer den Frostbeulen, keine weiteren Verletzungen, und der Stadtrat beschloß, die Tortur in verschärfter Form zu wiederholen. Damit setzte er sich in Widerspruch zur geltenden Rechtsprechung. Denn eine Wiederholung der Tortur durfte nur angeordnet werden, wenn in der Zwischenzeit neue Erkenntnisse aufgetaucht waren.

Am 10. März fand die zweite Tortur statt, diesmal nach allen Regeln der Folterkunst. Anna wurde mit den »Spanischen Stiefeln« (beidseitige Beinschrauben), durch »Aufziehen« und Rutenstreiche gequält. Doch sie gestand nichts.

Jetzt war der Rat mit seinem Latein am Ende. Am 14. März 1644 sprach er das Urteil: Anna Holthaus wurde aus der Stadt verwiesen, da Arnold Ramers die Beschuldigungen gegen sie weiter aufrecht erhielt. In der Begründung für die zweimalige Tortur offenbarte sich die ganze Fadenscheinigkeit des Verfahrens: Anna habe »aus allerhand Umständen den Verdacht, durch Ersuchung der Wickerschen, auf sich geladen, also die ihr begegnete Tortur genügend beschuldet und verursacht«. Während des Verfahrens hatten mehrere Zeugen zugegeben, nach der »Wickerschen« geschickt zu haben. Mit dieser Argumentation hätte der Stadtrat einen großen Teil der Bevölkerung foltern lassen können, da es allgemein üblich war, Wahrsager zu befragen.

* * *

Als Anna Holthaus um die Mittagsstunde des 15. März aus dem Gefängnis entlassen wurde, war sie dem Tod bereits näher als dem Leben. Der fast dreimonatige, winterliche Gefängnisaufenthalt und die zweimalige Tortur hatten ihren Lebenswillen zermürbt.

Der Freigraf führte Anna bis zur Stadtmauer und verwies sie der Stadt, wobei er ihr vorher noch den Urfehde-Eid abnahm (der hauptsächlich besagte, daß der oder die Verwiesene wegen der Folter und der Haft sich nicht rächen wolle).

Danach brachte Dietrich Bökers, der Knecht des Scharfrichters, Anna durch das Ludgeritor. Bökers berichtete später, Anna sei verzweifelt gewesen und habe gesagt, sie wolle lieber tot als lebendig sein.

Am Stadtgraben lauerte bereits die Bande von Straßenjungen, die Anna ertränken wollte.

* * *

Nachdem Anna tot war, mußte der Stadtrat noch ein anderes Problem lösen: Wie sollte er mit Arnold Ramers verfahren? Entgegen der üblichen münsterschen Praxis, auf die eigene Urteilskraft zu bauen, wandte er sich mit einem Schreiben an die Theologisch-Juristische Fakultät in Köln und bat um eine Auskunft, »weil keine Besserung gespüret noch verhofft wird, (...) es (das Kind) seinem Bekenntnis nach die gegenwärtige Zeit alle Nacht vom Buhlen heimgesucht wird und mit demselben Unzucht treibt«.

Es ist nicht bekannt, was die Kölner Universität empfahl. Das Ratsprotokoll vom 8. Juli 1644 vermerkt lediglich, daß man nicht geneigt war, den gegebenen Ratschlag zu befolgen. Der Rat ordnete an, Arnold Ramers versuchsweise in einem Kloster unterzubringen.

* * *

Das Verfahren gegen Anna Holthaus war der letzte Zauberei- oder Hexenprozeß in Münster. Die unsinnige Anklage gegen eine unbescholtene alte Frau, allein verursacht durch ein psychopathisches Kind, hatte den Ratsherren vielleicht die Fragwürdigkeit des ganzen Hexenglaubens verdeutlicht. Möglich auch, daß ein anderes Ereignis dazu beitrug.

1645 begannen in Münster die Friedensverhandlungen, die 1648 mit dem »Westfälischen Frieden« endeten. Gesandte aus vielen Ländern lebten zeitweise in der Stadt. Ein engstirniger Hexenprozeß hätte nicht mehr in den Zeitgeist der Weltoffenheit gepaßt.

IV

Räuberhauptmann Abraham Picard (1800)

Im 18. Jahrhundert machten Räuberbanden ganz Mitteleuropa unsicher. Ohne Nationalitäten oder die Grenzen der Klein- und Kleinststaaten zu beachten, zogen sie stehlend, raubend, plündernd und – wenn sich ihnen jemand in den Weg stellte – auch mordend durchs Land. Sobald ihnen der Boden zu heiß wurde, Polizei oder Militär ihnen zu nahe rückten, verlegten sie ihre Aktivitäten in ein anderes Gebiet. Diese frühen Europäer sprachen mehrere Sprachen und untereinander eine eigene: das Rotwelsch.

Einige der berühmtesten Räuberhauptleute sind in der Nachfolge Robin Hoods in die Literatur eingegangen. Der *Sonnenwirthle* (alias Friedrich Schwan) wurde zu Schillers »Verbrecher aus verlorener Ehre«, in »Die Räuber« dienten dem Dichterfürsten mehrere mittel- und süddeutsche Banden als Vorbilder. Geradezu idealisiert wurde nach seinem Tod der hauptsächlich im Hunsrück aktive Johannes Bückler, besser bekannt unter dem Namen *Schinderhannes*.

Der zu seiner Zeit berühmt-berüchtigste Räuber, von allen Gaunern Mitteleuropas als uneingeschränkte Autorität anerkannt, geriet bald nach seinem Tod in Vergessenheit. Sein Name: Abraham Picard. Daß er nicht, wie andere, als Theater- oder Romanfigur weiterlebte, hat einen einfachen Grund. Obwohl er mehrfach im Gefängnis saß und gefoltert wurde, gab er nie seine Identität preis und legte auch kein Geständnis ab. Während der *Sonnenwirthle* und der *Schinderhannes* bereitwillig von ihren Taten erzählten, ja sogar damit prahlten (und wohl auch übertrieben), bevor sie zum Galgen geführt wurden, blieb Abraham Picard stumm. Aus kühler Berechnung übrigens, denn die Tatsache, daß die Polizisten nicht wußten, wen sie da gefangen hatten, rettete ihm mehrfach das Leben.

Picards einziger Biograph war bezeichnenderweise der Mann, der ihn fünfzehn Jahre lang verfolgte, der Öffentliche Ankläger und Polizei-Chef des Roer-Departements, Bürger Keil. Was Keil an Kriminal-Protokollen und geheimen Notizen hinterließ, wurde von einem Mitglied des Bezirks-Gerichtes in Köln zusammengetragen und 1804 veröffentlicht.

Abraham Goudcheaux Picard, der sich auch Abraham Moises oder Ezechiel Juda nannte, war einer der Chefs der *Großen Niederländischen Bande*. Sein Schwiegervater Jacob Moises aus Groningen gilt als der Begründer der Bande. Der alte Jacob begnügte sich jedoch mit der Ausarbeitung von Plänen und taktischen Ratschlägen, das Kommando bei den Raubüberfällen überließ er seinen Söhnen und Schwiegersöhnen.

Zunächst war die Bande in Holland aktiv, später dehnte sie ihren Aktionsradius, in unterschiedlicher personeller Zusammensetzung, auf das gesamte Rheingebiet bis hinunter nach Mainz aus. Je nach ihrem Wirkungskreis ging sie in die Akten und Legenden mit den verschiedensten Namen ein, als *Brabänter, Holländische, Mersener, Krefelder, Neußer, Neuwieder* und *Westphälische Bande*.

Vor allem in der Spätphase, als die französischen Behörden im Rheinland ihre Anstrengungen konzentrierten, der Bande habhaft zu werden, wichen die Räuber ins Bergische Land und ins Münsterland aus. Hier, in einem münsterländischen Dorf, wurde Abraham Picard im Jahr 1800 von Bauern gefangengenommen und nach Münster ins Gefängnis gebracht.

* * *

Abraham Picard war Jude. Nicht zufällig gehörten Juden, neben Zigeunern und Vaganten, zur sozialen Basis der Räuberbanden. Juden besaßen keine Bürgerrechte, alle zunftgebundenen (also: Handwerks-) Berufe waren ihnen verwehrt. In vielen deutschen Städten gab es Judenordnungen, die Juden nicht nur den Erwerb von Immobilien, sondern auch das dauernde Aufenthaltsrecht verboten.

Münster stellte in dieser judenfeindlichen Tradition keine Ausnahme dar. Nach einer wechselvollen Geschichte im Mittelalter, mit Judenprogromen, Vertreibung und Wiederzulassung, beschloß der Stadtrat am 15. Februar 1554, ausdrücklich mit Zustimmung der Alder- und Meisterleute der Zünfte, daß die Juden bis zum 8. März des Jahres ihre Geschäfte abwickeln sollten »und sich danach in dieser Stadt nicht mehr finden lassen« dürften. Dieses Verbot blieb mehr als 250 Jahre, nämlich bis 1810 bestehen.

Obwohl einige Fürstbischöfe, vor allem aus finanziellen Gründen, mit Juden zusammenarbeiteten, Fürstbischof Christoph Bernhard von Galen in seiner Judenordnung von 1662 einen »Hofjuden« institutionalisierte, der als Sprecher aller im Stift Münster ansässigen Juden auftrat, respektierten sämtliche Bischöfe die antijüdische Haltung der Stadt, die noch im 18. Jahrhundert präsent war. So forderten beispielsweise am 31. August 1770 die Gildemeister Franz Vogelsang und Hermann Ribbers in Sorge um die »Nahrung« ihrer Zunftgenossen mit Nachdruck die Wahrung ihres Verkaufsmonopols und Besitzstandes in der Stadt gegenüber der »jüdischen Gefahr«.

Letztmals am 17. Dezember 1808 wehrte sich der Stadtrat gegen das inzwischen geltende französische Recht, das Juden die freie Wahl ihres Aufenthaltortes zugestand. Der Rat äußerte die Befürchtung, Juden würden so stark nach Münster drängen, daß die Bürger in den bestehenden krisenhaften Zeiten in Existenznot gerieten, da die Juden infolge »ihrer schlech-

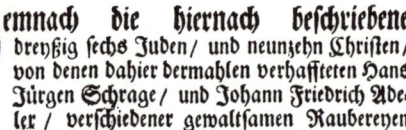

Demnach die hiernach beschriebene dreyßig sechs Juden/ und neunzehn Christen/ von denen dahier dermahlen verhaffteten Hans Jürgen Schrage/ und Johann Friedrich Adeler / verschiedener gewaltsamen Raubereyen beschuldiget worden / dieselbe auch nebst noch mehr dan hundert anderen/ welche noch zur Zeit so genau nicht beschrieben werden mögen/ zu der grossen Rauber - und Diebs-Bande/ wordurch hiesiges Hoch-Stifft und die herumliegende benachbahrte Lande einige Jahren her beunruhiget worden/ gehörig seyn sollen: So werden die benachbahrte Regierungen und auswärtige / so Civil - als Militair - Obrigkeiten hierdurch dienst-freundlich ersucht / hiesige Beambte und übrige Bediente aber wohlernstlich befehligt/ auf das beschriebene Rauber-Gesindel ein wachsames Auge zu haben / solches in Betretungs-Fall sofort handfest machen und zur versicherten Hafft bringen zu lassen/ auch von dem Erfolg zur weiteren Anordnung Nachricht anhero mitzutheilen / und respective gehorsamst zu berichten / immassen man die Betretende mit Ausstellung gewöhnlicher Reversalien/ auch Erstattung derer aufgewandten Kösten/ zur rechtlichen Bestraffung zu übernehmen / oder allenfalls der Obrigkeit/ worunter dieselbe betretten werden mögten / zu Ausführung der Inquisition / mit erforderlicher Nachricht an Hand gehen zu lassen/ auch die dem hiesigen Hoch - Stifft von denen Auswärtigen hierunter erweisende Willfährigkeit in dergleichen und anderen Fällen gegen dieselbe zu erwiederen erbietig ist. Signatum Münster / den 7ten April 1752.

Hochfürstliche Regierung daselbst.

Vt. Fried. Christian Zurmühlen.

A. F. Zur Eich,

Steckbrief der münsterschen Regierung für die Fahndung nach Mitgliedern einer jüdisch-christlichen Räuberbande vom 7.4.1752

ten Lebensweise« (= wegen ihrer bescheidenen Ansprüche) vor anderen im Vorteil seien. Schließlich »paßten« auch ihre »Religionsgrundsätze (...) nicht mit den rechtlichsten« zusammen (= Die Juden haben eine Gaunerreligion).

Aber auch auf dem Lande, in den kleinen Städten des Stiftes, war das Verhältnis der deutschen Bevölkerung zu den Juden nicht gerade von Toleranz geprägt. Am 24. Juni 1768 verurteilte Fürstbischof Maximilian Friedrich Beleidigungen und Tätlichkeiten gegen Juden, wie öffentliche und heimliche Beschimpfungen, Einschlagen der Fenster, Anbinden toter Tiere an den Häusern und in ihren Gärten sowie unziemliche Behandlung jüdischer Begräbnisstätten.

Auf der anderen Seite wurde es für Juden immer schwieriger, allein von den traditionellen Berufen, vor allem der Geldleihe, zu leben. Zwar entdeckten sie zusätzliche Erwerbsmöglichkeiten im nicht zunftgebundenen Handwerk, im Kram-, Trödel- und Viehhandel, doch gleichzeitig ging eine nicht unbeträchtliche Zahl von Juden in den kriminellen Untergrund. Hier trafen sie sich mit den anderen Ausgestoßenen der Gesellschaft, den Zigeunern und den Vaganten.

Die Zigeuner galten per se als Gauner, man hatte sie für »vogelfrei« erklärt, das heißt, sie durften ohne Gerichtsverfahren hingerichtet werden. Die Vaganten, oder Landfahrer, die aufgrund persönlicher oder wirtschaftlicher Krisen aus der ständischen Ordnung herausgefallen waren, manchmal auch schon seit Generationen übers Land zogen, schlugen sich mit den typischen Vagantenberufen (Scherenschleifer, Wannenflicker, Korbflechter) mehr schlecht als recht durchs Leben, und ein Teil von ihnen war nicht abgeneigt, auf kriminelle Weise den Lebensunterhalt aufzubessern.

In den Räuberbanden mischten sich die verschiedenen Gruppen, eine ethnische oder religiöse Abgrenzung gab es nicht. Ein Steckbrief der münsterschen Regierung vom 7. April 1752, mit dem nach einer 55 Mitglieder starken Räuberbande gefahndet wurde, enthält die Beschreibungen von 36 Juden und 19 Christen.

Auch in der *Großen Niederländischen Bande* wirkten Christen mit. Einer der Schwiegersöhne des alten Jacob war Christ, genauso wie Picards Freund und Adjutant bei vielen Raubüberfällen, Matthias Weber, genannt *Fetzer*.

Die dominierende Stellung der Juden im Räubertum des 18. Jahrhunderts zeigte sich allerdings in der Gaunersprache, dem Rotwelsch, einem allen Unterweltgrößen geläufigen Gemisch aus Deutsch, Jiddisch und Hebräisch. Manchem Christ, der gelegentlich Nachhilfe brauchte, konnte dies zum Verhängnis werden. So machte sich der *Sonnenwirthle* dadurch verdächtig, daß er bei seiner Verhaftung ein deutsch-jiddisches Wörterbuch bei sich trug. (Rotwelsch ist auch der wichtigste Bestandteil der münsterschen Sondersprache *Masematte*. Etymologisch geht *Masematte* auf das hebräische Wort für »Verhandlung« zurück.)

Möglich auch, daß das jüdische Räubertum eine bewußte oder unbewußte Rebellion gegen die Unterdrückung des eigenen Volkes war, wie der anonyme Autor der *Schinderhannes*-Biographie von 1804 vermutete: »Wenn ein ganzes Land gegen ein Häuflein nicht-christlicher Mitglieder in offenem Bunde lebt, wie es das dasige Volk (in der Hunsrück-Gegend) gegen die verfolgten Juden war, wenn alle Strolche gegen diese Elenden gehetzt werden, ist es ein Wunder, wenn die Verlaßnen in Betrug und Ränken Notwehr üben?« (*Schinderhannes* selbst überfiel mit Vorliebe Juden und war sich dabei der Zustimmung der christlichen Bevölkerung sicher.)

Tatsache ist, daß sich viele Räuber bewußt zum Judentum bekannten und noch auf dem Richtplatz die Taufe verweigerten, obwohl sie damit ein gnädigeres Urteil bewirkt hätten. Auf jeden Fall konterkarierten sie das Klischee vom »unkriegerischen« und »feigen« Juden, wie der Polizeioffizier Keil mit einem gewissen Erstaunen vermerkt: »(Sie waren) gewiß nicht von der furchtsamen Klasse dieses Volkes. Wir dürfen nur des einzigen Beispiels erwähnen, daß mehrere den Säbel in der Hand sich dem französischen, den Beraubten zu Hilfe eilenden Militär widersetzt haben und mit Wunden auf der Stirne und auf der Brust gefallen sind.«

* * *

Über Abraham Picards Herkunft ist wenig bekannt. Eine Quelle sagt, daß er aus Gent, eine andere, daß er aus Lothringen stammte. Im Jahr 1789 schloß er sich der niederländischen Bande an, er soll gerade vierzehn Jahre alt gewesen sein. Ein Jahr darauf, bei einem Raub in Kekelberg unweit Brüssel, galt er bereits als Anführer.

Ein Steckbrief aus dem Jahr 1804 schildert ihn so: »Noch keine 30 Jahre alt, 5 Fuß 6 Zoll groß; ein längliches gelbliches mageres Gesicht, schwarze runde, etwas lang herabhängende Haare, schwarze Augen, schwarzer Bart und Backenbart, einen Mund mittlerer Größe, eine etwas stark gebogene Nase, gebürtig aus Gent. Er spricht deutsch und französisch, hat bei einem Diebstahl eine heftige Verwundung auf den Kopf bekommen.«

Polizeimann Keil beschreibt seinen Gegner emotionaler: »Langes schwarzes Haar hängt ihm wild um den Kopf herum, aus seinem magern blassen Gesicht funkeln ein paar schwarze, wildes Feuer verkündende Augen, ein buschichter Backenbart umschattet sein Gesicht, dessen Außenseite die Verräterin seiner innern fürchterlichen Gemütsstimmung, ich will nicht sagen, seines grausamen Herzens ist.«

Mitte der 90er Jahre gebot Picard über eine Bande von dreißig Mann, die zwischen Nymegen und Lille zahllose Höfe und

Postkutschen überfiel. Die Opfer wehrten sich selten, falls dies aber doch geschah oder sie das Versteck der (oft nur vermeintlichen) Reichtümer nicht schnell genug verrieten, mußten sie es häufig mit dem Leben büßen.

Bei einem Überfall auf ein Gut in der Nähe von Gent, im Frühjahr 1795, den Picard und Jan Bosbeck, genannt *Schifferchen*, befehligten, wollte oder konnte die Frau des Gutsbesitzers ihre Ringe an den Fingern und Ohren nicht abstreifen. Sie »wurde niedergerissen und ihr auf unbegreiflich boshafte Art Finger und Ohren abgeschnitten. Damit war der Blutdurst der Rotte nicht erfüllt. Jan Bosbeck ergriff eine andere Unglückliche und ermordete sie auf der Stelle.«

Jan Bosbeck war es auch, der bei dem Angriff auf ein in der Nähe von St. Amand gelegenes Schloß das Kommando führte. Der Überfall glückte, das Schloß wurde erobert und geplündert. Doch wieder einmal glaubten die Räuber, daß es noch verborgene Reichtümer gebe. »Auf unmenschliche Art fielen sie über den Besitzer des Schlosses her. Er schwur, er beteuerte, daß er ihnen alles angegeben habe. Vergebens! Sie zogen ihre Säbel und hieben so grimmig auf ihn zu, daß sie seine Arme spalteten.«

Der Tumult auf dem Schloß hatte das nahegelegene Dorf alarmiert. Der Dorfvorsteher sammelte die Bauern um sich und rückte mit einem bewaffneten Haufen an. Vor dem Schloß trafen sie auf die von den Räubern aufgestellten Wachen. »Einer von diesen schrie dem heranrückenden Haufen ein lautes *Qui vive* entgegen, erhielt aber einen Flintenschuß zur Antwort, der ihm den Rock durchlöcherte. In diesem Moment sprang ein anderer Räuberposten mit erhobener Pistole hinzu, rückte auf den unglücklichen Vorsteher los und zerschmetterte ihm die Achsel. Dann kehrte er das Instrument des Mordes um, zerschlug dem zur Erde Gesunkenen das Gehirn und schleppte ihn in das Schloß. Die Bauern flohen.«

1796 steckte ein Verräter den Behörden, daß Picards Bande einen Raub in der Nähe von Brüssel plane. Die Polizei schickte ein Kommando Freiwilliger auf verschiedenen Wegen zu dem Ort des geplanten Verbrechens, um dort einen Hinterhalt zu legen. »Indem die Bande ruhig bei schweigender Nacht aus dem Gebüsche unweit dem zu bestehlenden Hof vorbeidefiliert, tritt das Kommando aus dem Hinterhalt. Mit unbegreiflichem Mut setzen sich die Israeliten, aus denen meistenteils die Bande zusammengesetzt war, zur Wehr. Lange und anhaltend war der Kampf. Unmöglich konnten ihre Vorfahren um eine bessere Sache auf den Höhen Gelboe tapferer gefochten haben. Zwei Israeliten blieben auf dem Platze. Ihre Körper waren mit Bajonetten durchstochen.«

Picard wurde gefangengenommen und in das Gefängnis von Tournay gebracht. Während er sich, mit Hilfe eines Verteidigers, um gefälschte Zertifikate und Zeugenaussagen bemühte, eriel er einen Brief seines Schwagers Abraham Jacob, der in Paris eine große Bande befehligte. Abraham Jacob schrieb, er werde seine Bande in Bewegung setzen, um ihn, Picard, koste es was es wolle, zu befreien. Man werde auf dem Weg von Tournay nach Mons lagern, weil er wisse, daß Picard zu dem letzten Ort gebracht werden solle. Mit »Waffen in der Hand« und »Aufopferung unseres Blutes« wolle man ihn retten.

Das war indes nicht mehr nötig, denn Picard gelang die Flucht aus dem Gefängnis. Verbittert notiert Keil: »Unendlich muß es der Verfasser gegenwärtiger Geschichte bedauern, daß ihm über die Art und Weise, wie sich Picard aus seinen Ketten losgemacht hat, zur Zeit noch nichts bekannt geworden ist.«

In Tournay saß Picard nicht zum ersten und letzten Mal im Gefängnis. Doch immer wieder schaffte es der Räuberhauptmann, die Gefängnismauern zu überwinden. Noch einmal Keil: »Picard saß in Middelburg, in Abbeville, in Lille, in Mons, in

Gent, in Münster, in Wesel, in Köln und Gott weiß wo, aber immer wußte er seine Fesseln wieder abzustreifen.«

* * *

Die *Niederländer* gingen nach einem festen, durch lange Räubertradition und -erfahrung erprobten Schema vor. Auch wenn sie keine ständige, feste Organisation bildeten, so galt doch, vor allem während einer Aktion, eine straffe Hierarchie: »Eine jede der Branchen der niederländischen Bande war an sich wieder in mehrere Klassen geteilt. Zur ersten Klasse gehören die Chefs, die Anführer, die bei dem Raub zum Zeichen ihrer Würde das Brecheisen als Kommando-Stab in Händen haben. Zur zweiten Klasse gehören die Baldover. So nennen sie nämlich diejenigen, die einen reichen zu bestehlenden Mann auswittern, ihn dem Chef anbringen, und ob sie gleich nicht mit in die Affaire ziehen, doch einen beträchtlichen Teil des Raubes erhalten. Zur dritten Klasse gehören die Veteranen, Räuber, die fast im nämlichen Rang mit dem Chef stehen und mit ihm zu Pferde oder in Chaisen an den zum Raube bestimmten, oft sehr entlegenen Ort reisen, der Kern der Tüchtigsten, Kühnsten, Schlauesten der Bande; zur letzten Klasse gehören die Jungens. Diese sind junge, lüderliche Burschen, die sich in oder um den zu bestehlenden Ort irgendwo aufhalten und vom Chef oder den Veteranen nur zur Ausführung des einzelnen Raubes angeworben und nachher wieder zurückgeschickt werden.«

Hatte der Kundschafter, oder *Baldover*, meist ein jüdischer Krämer, der nicht zum engeren Kreis der Band gehörte, ein lohnenswertes Objekt entdeckt und seine Informationen dem Räuberchef mitgeteilt, begann dieser mit den Vorbereitungen für den Überfall. Zunächst rief er die *Veteranen* zusammen, suchte sie entweder persönlich in ihren *kochemer Beyes*

(= Schlupfwinkel) auf oder lud sie schriftlich zu der Zusammenkunft ein.

Bei diesem ersten Treffen waren nur der *Chef*, der *Baldover* und die *Veteranen* anwesend. Hier wurden die Fakten erörtert und die Durchführbarkeit des Unternehmens diskutiert. Erschienen die Angaben des *Baldovers* nicht ausreichend, konnte ein zweiter Kundschafter, häufig der *Chef* selbst, ausgeschickt werden, um sich an Ort und Stelle einen Überblick zu verschaffen. Führer der Aktion blieb in der Regel derjenige, der die Versammlung einberufen hatte. Nur wenn sich eine der unbestrittenen Autoritäten, wie Picard oder Bosbeck, einfanden, konnte das Kommando an sie übergehen.

Im zweiten Schritt wurde der Termin für den Überfall festgelegt. Man plante langfristig. Die kurzen Sommernächte wurden ebenso vermieden wie die kalten Winternächte. Auch Mondschein oder Schneefall konnten das Unternehmen gefährden. Bevorzugt waren daher die langen und finsteren Nächte im Frühling und Herbst.

Gemäß einer Regel des alten Jacob durfte der Ort des Überfalls nicht in der Nähe des Hauptstützpunktes der Bande liegen. Oft war er bis zu zwanzig deutsche Meilen (= 150 Kilometer) davon entfernt. Um nicht aufzufallen, teilte sich die Bande in kleine Gruppen auf. Die *Chefs* und renommiertesten *Veteranen* reisten zu Pferd oder in der Kutsche an, der Rest ging zu Fuß. Meistens wurde auch ein Wagen zum Abtransport der Beute mitgeführt.

Erst zum festgesetzten Zeitpunkt versammelte man sich an einem versteckten Ort, etwa im Wald. Der Weg dorthin wurde an Kreuzungen und Abzweigungen mit Strichen im Sand, Steinen oder abgebrochenen Ästen unauffällig markiert. Die Kunst der Räuberlogistik bestand darin, nicht zu früh, nicht zu spät und möglichst unauffällig zu dem Versammlungsort zu gelangen, damit niemand in der Umgebung Verdacht schöpfte.

Am Versammlungsort, etwa eine halbe Stunde vom Zielobjekt entfernt, wurden die letzten Vorbereitungen getroffen, die Pistolen geladen, die Parole ausgegeben, die anfallenden Aufgaben beim Raub verteilt. Erst in diesem Moment übernahm der *Chef* die tatsächliche Befehlsgewalt, verlangte aber auch unbedingten Gehorsam. Wer sich ihm von jetzt an widersetzte, mußte um sein Leben fürchten.

Dann kontrollierte der *Chef* mit einigen *Veteranen* den Ort des Geschehens. Bei dieser Gelegenheit wurde die Kirchentür verrammelt oder das Glockenseil abgeschnitten, um Sturmläuten zu verhindern.

Nachdem alle Vorbereitungen abgeschlossen waren, marschierte die Bande geschlossen an, der *Chef* mit dem Brecheisen als Zeichen seiner Würde an der Spitze. Die *Jungen*, die ja aus der Gegend stammten, schwärzten sich unterwegs die Gesichter, damit sie nicht erkannt werden konnten. Die angereisten *Veteranen* verzichteten auf derartige Maßnahmen.

Stieß die Bande auf Nachtwachen oder andere Bewohner des Ortes, die trotz der späten Stunde noch unterwegs waren, nahm sie diese fest und schleppte sie gebunden beiseite. Am Ortseingang oder in der Nähe des ausgewählten Hauses begannen die Räuber zu lärmen, zu singen und zu schießen. Mit französischen Ausdrücken und dem Absingen der Marseillaise suggerierte man den verschreckten Dorfbewohnern, marodierende Soldaten der französischen Armee suchten das Dorf heim. (Diese Taktik wandte man natürlich nur in Kriegszeiten an, in Friedenszeiten schlich man sich still und leise an das Zielobjekt heran.)

In vielen Fällen erfüllte diese Mimikry ihren gewünschten Zweck: die Dorfbewohner blieben in ihren Häusern und verrammelten Türe und Fenster, anstatt den Überfallenen zu Hilfe zu kommen.

Vor dem ausgeguckten Haus angekommen, postierten sich die Schildwachen so, daß sie die Bande schützen und die Bewohner des überfallenen Hauses an der Flucht hindern konnten. Für diese Aufgabe wurden die erfahrensten und mutigsten *Veteranen* ausgesucht, da sie mit eventuell doch den Überfallenen zu Hilfe eilenden Nachbarn alleine fertig werden mußten. Nur in Ausnahmefällen, wenn zum Beispiel Militär anrückte, gaben sie Alarm und leiteten damit die Flucht der Räuber ein.

Jetzt wurde die Haustür mit einem Rammbock (oft ein unterwegs ausgerissenes Wegkreuz) eingestoßen, und der *Chef* stürzte an der Spitze seiner Leute ins Haus. Man entzündete mitgebrachte kurze Wachskerzen und klebte sie an die Wände, das Haus war hell erleuchtet. Die Bewohner wurden überwältigt, gefesselt, auf den Boden geworfen und mit ihrem eigenen Bettzeug bedeckt, eine Vorsichtsmaßnahme, um spätere Identifizierungen zu erschweren.

Während die *Jungen* das Haus durchsuchten und alle wertvollen Gegenstände einsammelten, »verhörten« der *Chef* und einige *Veteranen* den Hausbesitzer. Todesdrohungen und brutale Mißhandlungen waren die Regel, zumal die Räuber fast immer vermuteten, daß ihnen der Hausbesitzer nicht alle Schatzverstecke preisgab. (Verantwortlich dafür waren die meist gar nicht anwesenden *Baldover*. Sie hatten, um den *Chef* zu dem Überfall zu animieren, übertriebene Schilderungen vom Reichtum der potentiellen Opfer gegeben. Nun ließen die Räuber ihre Enttäuschung an den unglücklichen Überfallenen aus.)

Untereinander sprachen die Räuber in ihrer Gaunersprache, dem Rotwelsch, das die Wohnbevölkerung nicht verstand. Zum Privileg des *Chefs* gehörte das Aufbrechen der Truhen und Schränke. Glaubte die Bande, alles Wertvolle entdeckt zu haben, versammelte man sich auf ein Codewort vor der Eingangstür. Das bereits in Decken und Kissenbezüge verpackte Diebesgut wurde von den *Jungen* oder auf dem mitgebrachten Wagen und unter erneutem Johlen, Singen und Schießen aus dem Ort geschafft.

Sobald man jedoch den Ort verlassen hatte, ordnete der *Chef* völliges Schweigen an. Die Richtung wurde geändert, und die Bande versuchte so schnell wie möglich eine große Wegstrekke hinter sich zu bringen. Nach einigen Stunden eiligen Marsches lagerte man abseits der Straße an einem versteckten Ort und teilte die Beute. Auch hierbei herrschten feste Prinzipien. Der *Chef* bekam einen »ansehnlichen Teil«, der abhing von seiner Autorität und der Gesamtzahl der Beteiligten, außerdem nahm er für den *Baldover* einen gleich großen Anteil in Verwahrung. Die *Veteranen* erhielten gleichwertige, kleinere Anteile, die *Jungen* wurden meist nur mit einem Almosen abgespeist, das allerdings immer noch weitaus größer war als ihre sonstigen, auf ehrliche Arbeit beruhenden Einkünfte.

An dieser Stelle trennte sich die Bande. Die *Jungen* verkrochen sich in ihre nahegelegenen Schlupfwinkel, der *Chef* und die *Veteranen* reisten in kleinen Gruppen zu ihrem Hauptquartier zurück, selten ohne eine Verabredung für einen neuen Raubüberfall zu treffen.

* * *

Nach seinem Gefängnisaufenthalt in Tournay wußte Picard, wo er seine Bande finden würde: in Mersen, einem Dorf in der Nähe von Maastricht, Ende des 18. Jahrhunderts ein paar Jahre lang die inoffizielle Hauptstadt der europäischen Räuberbanden.

Neue Raubzüge wurden geplant und durchgeführt. Zwischendurch erholte sich Picard in den Armen Pariser Freudenmädchen (daher sein *nom de guerre* Picard). »Kinder, wenn's

Mitternacht ist, bin ich König!« – diese Devise Picards wird aus jener Zeit kolportiert.

Bei einem Überfall auf das Haus des Wechslers Acken in der Stadt Eupen erbeutete die Bande zehn Säcke voller Geld. Es waren sechzigtausend Franken, und Fetzer erzählte später, daß sie das Geld bei der Teilung mit dem Hut scheffelten. Nun war Picard tatsächlich so etwas wie ein König unter den Räubern.

Allerdings spornte die enorme Summe der Eupener Beute auch die Behörden an, gegen die *Mersener Bande* vorzugehen. Unter dem Druck zahlreicher Gendarmerietrupps zogen sich Picard und seine Getreuen auf rechtsrheinisches Gebiet zurück. In den Wäldern rund um Essen und im Münsterland befehligte Picard zwei Jahre lang die *Essendische Bande*.

Aus dieser Zeit berichtet Polizeimann Keil von einem Unternehmen, das in seiner Kaltschnäuzigkeit nur dem Picard zuzutrauen war. Picard wurde von einem *Baldover* zugetragen, ein Schmied »sei der Reichste im ganzen Land. Picard und seine Getreuen waren wohl entschlossen, den Coup zu wagen, aber sie waren diesmal alle sehr schlecht mit Schießgewehren versehen, der Schmied ein starker Mann und, wie man leicht denken konnte, nicht ganz ohne Waffen. Unter solchen Auspizien würden alle anderen den Mut verloren haben, einen gewalttätigen Raub zu unternehmen, nur Picard, nur Fetzer nicht. Versehen mit einer einzigen Pistole wagten sie den Hauptstreich. Um die gewöhnliche Räuber- und Gespenster-Stunde, um Mitternacht zogen sie, sechs Mann, in das Dorf. So oft sie konnten, feuerten sie mit ihrem einzigen Gewehr und erhoben dabei einen fürchterlichen Lärm. Diesen desto vollkommener zu machen, warfen sie mit Steinen alle Fenster in der Straße, wodurch sie zogen und die in der Nähe des Hauses, das sie berauben wollten, lagen, ein. Jedermann wurde hierdurch in Schrecken gesetzt; jedermann wähnte, ein Hau-

Stadtwache und Rathaus in Münster, 1872

fen von wenigstens hundert anwesenden Burschen stürme heran, und so wagte (sich) niemand aus seinem Schlupfwinkel hervor und dem Schmied zu Hilfe zu kommen. Die Räuber langten vor der Wohnung des Schmiedes an, ergriffen den Rennbaum (= Rammbock), sprengten die Türe ein, drangen vor und fanden niemand als eine Magd. Der Schmied hatte sich auf das Dach geflüchtet.«

Trotzdem war Picards Zeit mit der *Essendischen Bande* nicht gerade seine erfolgreichste. Die Beute blieb mager, hinzu kam eine erneute Verhaftung im Münsterland mit anschließendem Gefängnisaufenthalt und Folter in Münster.

* * *

Münster war um 1800 immer noch ein beschauliches Städtchen mit kaum mehr als 10.000 Seelen. Nach der »Brand-Assecuranz« von 1768 wurden in Münster 2055 Gebäude, in denen etwa 10.000 bis 10.500 Personen lebten, versichert. Viele Haushalte betrieben nebenbei Rind- und Schweinehaltung. 1795 zählte man 587 Stück Hornvieh und 316 Pferde innerhalb der Stadtgrenzen.

Der »Siebenjährige Krieg« von 1756 bis 1763 hatte Münster schwer getroffen. Wechselweise belagerten preußische und französische (mit den Habsburgern und dem Fürstbischof verbündete) Truppen die Stadt. Die Sympathien der Bevölkerung lagen eindeutig auf Seiten der Franzosen, allerdings beschossen diese auch nicht, wie die Preußen, die Wohnquartiere.

Der Wiederaufbau und die Gründung der münsterschen Universität sind mit dem Namen des von Fürstbischof Maximilian Friedrich 1762 eingesetzten Ministers Franz von Fürstenberg verbunden. Fürstenberg, den auch intellektuelle Interessen umtrieben, die er im »Kreis von Münster« an der Seite der Fürstin Amalie von Gallitzin auslebte, urteilte recht distanziert über seine Untergebenen: »Diese Stadt (hat) einen eigenen Geist von Wohlleben und Gemächlichkeit. Einerseits mag die Schlaffheit des Klimas eine gewisse Gutmütigkeit, eine gewisse plauderhafte und zeitvertreibende Geselligkeit und Untätigkeit befördern, andererseits mag auch dazu beitragen, daß der größte Teil der Einwohner ein hinlängliches Auskommen hat, um das Leben zu genießen. Die übrigen tun es diesen nach, ohne gerade sich ängstlich darum zu bekümmern, wer am Ende zahlen soll, und daher denn so viele Bankrotte kommen.«

Mehrere, dem gesellschaftlichen Leben der begüterten Bürger dienende Clubs, die damals gegründet wurden, existieren noch heute, so die Freimaurerloge »Zu den drei Balken«, der Civilclub und der Zwei-Löwen-Club.

In eine ähnliche Kerbe, wie die von Fürstenberg, hieb auch Freiherr Clemens August Maria von Kerckering zur Borg, der im Dienst des letzten Fürstbischofs, Maximilian Franz von Österreich, stand und 1780 schrieb: »Der größte Teil der Bürgerschaft der Stadt Münster ist bemittelt. Die Stadt aber an sich selbst arm an Einkünften und hat viele Schulden, (...) Der Bürgerstand der Stadt Münster könnte viel reicher sein, wenn nicht seit einigen Jahren sich die bemittelten Personen zu schämen schienen, Bürger zu sein, und die ihnen übrig bleibenden, sonst ausgeliehenen Gelder durch Pracht in Kleidung, Meublen, Tafel und sonstige überflüssige Ausgaben selbst verzehrten, worüber ihre Fonds nicht vermehret und sie außer Stand gesetzt werden, Fabriken zu errichten.« Münster könne »das glücklichste Land in Teutschland« werden, meinte Kerckerinck weiter, allerdings gelte es, ein Auge auf die münsterischen Cliquen zu haben, Hofräte wie Adel seien »schier alle miteinander verwandt«.

Knapper, eben preußisch und protestantisch, urteilte der spätere Marschall Blücher, der 1795 in Münster weilte: »Die ganze Brut von Menschen in diesem Pfaffenlande taugt nicht.«

1802 wurde das Fürstbistum Münster aufgelöst, das Stift fiel an Preußen. Nach vorübergehender französisch-napoleonischer Herrschaft stieg Münster im 19. Jahrhundert zur preußischen Provinzialhauptstadt auf.

* * *

In den ersten Januartagen des Jahres 1800 überfiel Picard mit neun Mitgliedern der *Essendischen Bande* einen Laden im Münsterland, eine Dreiviertelstunde Fußweg von Münster entfernt. Der Raub glückte, die Bande schleppte die Beute fort. Zu ihrem Pech feierte in der Nähe eine Gruppe von Jägern ein Fest, das bis nach Mitternacht dauerte. Durch den Lärm, den der Überfall verursachte, alarmiert, griffen die Jäger zu ihren Flinten und verfolgten die fliehenden Räuber. Die ganze Nacht hindurch blieben sie ihnen, mit Hilfe ihrer Hunde, auf der Spur, durch Wald, Sumpf und Heide. Am Morgen jedoch, als es dämmerte, konnten die Räuber entwischen. Hatte, wie Keil lyrisch orakelt, »der schwarze Engel, der sie durchs Leben leitet«, wieder einmal seine schützende Hand über sie gehalten?

Picard muß sich jedenfalls sicher gefühlt haben. Er gab den Befehl, an einer hohen Hecke zu lagern, und schritt zur Teilung der Beute. Auch als zwei Bauern vorbeiritten, ließen sich die Räuber nicht stören. Vermutlich glaubten sie, nicht erkannt worden zu sein.

Nach der Beuteteilung marschierten die meisten der Bandenmitglieder auf ein nahegelegenes Dorf zu. Vor dem Dorf befand sich eine Brücke, die einzige Möglichkeit, um in das Dorf zu gelangen. Inzwischen hatten die beiden Bauern alle wehrfähigen Männer des Dorfes zusammengerufen.

Leichtsinnig tappte Picard mit seinen Leuten in die Falle. Als die Räuber mitten auf der Brücke waren, stürmten von allen Seiten Bauern herbei. Auch unter der Brücke hatten sich

einige versteckt. Vor der Übermacht der bewaffneten Landbe-
völkerung streckte die Bande die Waffen. Picard und die anderen wurden gefangengenommen und nach Münster gebracht.

Hier wußte man nicht, wen man vor sich hatte. Picard nannte
sich im Verhör Abraham Jacob (der Name seines Schwagers)
und gestand auch unter der Folter keine weiteren Straftaten.

Nicht lange blieb Picard im münsterschen Zuchthaus. Am
15. Januar 1800 zerbrachen er und die mit ihm in der Zelle
einsitzenden Männer die Eisenstangen vor dem Fenster und
flohen.

Die Freiheit währte indes nur kurz. Mühselig schleppte sich
der Räuberhauptmann und Ausbrecherkönig durchs Münsterland. In der Tortur hatte man ihm die Glieder gequetscht und
verrenkt. Kaum fähig, sich auf den Beinen zu halten, wurde er
von den Gendarmen bei Bockum als Landstreicher aufgegriffen.

Unter dem Namen Ezechiel Juda kam Picard in das Weseler
Gefängnis. Dort, in den Kasematten, saßen etwa 20 Mitglieder
der *Mersener Bande*. Aber keiner der gefangenen Räuber ver-
riet Picards wahre Identität. Sie ehrten in ihm, meint Keil, den
Räuberchef. Nach einem Vierteljahr ließen die Behörden den
vermeintlichen Landstreicher wieder laufen.

* * *

Picard erholte sich in Romsthal, einem Dorf an der Straße von
Frankfurt nach Eisenach. Hier gab es einen Amtmann, der gegen Bestechung die Räuber deckte.

Erst im August 1800 raffte er sich zu neuen Taten auf, und
im Januar 1801 arbeitete er zum ersten Mal mit dem *Schinderhannes* zusammen, das heißt, Johann Bückler ordnete sich freiwillig dem berühmteren Räuberchef unter. Der Vergleich der

Original Abbildung des Schinder
Sanes Anfuhr er einer Räuber
batde von 250 Mann

Form
der Sicherheitskarte die er Armen u
Reisenden ertheilt:

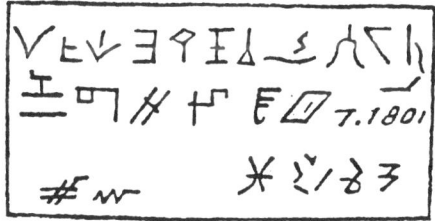

d. i. auf teutsch
Vorzeiger dieses pasirt und re-
pasirt mit sicherm Geleit bis üb
er die (—) Grenze vom Quartir
aus d. 27. Mart. 1802.

Bild des Schinderhannes mit einem Passierschein, 1802

beiden Gauner-Größen fällt, im Urteil des Polizeioffiziers Keil, für den Hunsrück-Banditen niederschmetternd aus: »Dort, wo sich die Schinderhannes-Bande mit der niederländischen zu gemeinsamem Raub vereinigt, wird man die Anführer der ersten jenen der letzteren weichen sehen, den großen, berüchtigten, besungenen Schinderhannes selbst, wo ein niederländischer Räuberchef Picard auf Raub ausgeht, nur unter dessen Kommando, nur als simples, subalternes Glied der Bande, nur als Maschine in der Hand des größeren Werkmeisters. (...) Während Picard in dem Zeitraum zweier Jahre die unglaubliche Summe von mehreren tausend Louisd'or an der Spitze von fünfzig mit Pistole und Säbel bewaffneter Räuber zu Pferde mit Gewalt unter Feuern und Stürmen aus Städtchen und Flecken erbeutet und nachher sie im Arme Pariser Freudenmädchen großherrisch verschwelgt, erscheint sein Gegenbild Schinderhannes im Gebirge als ein eben nicht ungewöhnlicher Buschklepper, und nimmt armen, über Land reisenden Juden ihr bißchen Schmusgeld ab, um für sich und seine Buhlerin das Notdürftige kaufen zu können.«

Um diese Zeit traf Keil Picard zum ersten Mal – ohne es zu wissen. Bei Verhören hatte er erfahren, daß sich die Räuber in einer Diebesherberge in Neuwied zu sammeln pflegten. Gegen Mitternacht ließ er das Gebäude stürmen. Einer der Räuber fuchtelte mit seiner Pistole herum, schwankte und fiel sturzbetrunken unter den Tisch – das war Picard.

Picard wurde in der Hauptwache von Neuwied arrestiert. Einige aus seiner Bande waren entkommen. Noch in derselben Nacht stürmten sie die Wache und jagten die Gendarmen mit Pistolenschüssen davon. Doch Picard, immer noch betrunken, wehrte sich gegen seine Befreier. Sie ließen ihn schnarchend zurück.

Keil vermutete, daß sich einige aus der *Mersener Bande* unter den Gefangenen befanden, jene *Mersener*, die nach Picards

Entlassung aus dem Weseler Gefängnis entkommen waren. Keil ließ Gefängniswärter aus Wesel kommen, an den Landstreicher Ezechiel Juda erinnerte sich keiner von ihnen. Noch am gleichen Tag mußte Keil Picard freilassen. Erst später erfuhr er, wem er begegnet war.

Noch einmal wurde Picard, diesmal zusammen mit Fetzer, verhaftet. Aus der Burg Altena entkamen die beiden mit Hilfe eines Taschenmessers und eines Frauenunterrocks, aus dem sie ein Seil machten.

Im Wald hinter Bendorf stießen Picard und Fetzer auf ihre alten Gefährten, die gerade dabei waren, ein Dorf in der Nähe von Montabaur zu plündern. Das Kommando für die Unternehmung war bereits vergeben, an Mergemes Joseph. Picard ordnete sich für dieses eine Mal unter, zu seinem eigenen Schaden: »Vor dem Ort hielt man still. Der Kommandant Mergemes Joseph nahm Picard und Fetzer mit, um das Haus, das mitten im Dorf lag, zu rekognoszieren. Kaum waren sie vor ihm angelangt, als Picard, dessen gewandtes Auge in einem Moment alles übersehen hatte, voraus erklärte, daß sie mit ungeheuren Schwierigkeiten zu kämpfen haben würden. Die Posten wurden unterdessen aufgestellt, und da von ihnen diesmal die Entscheidung des Ganzen abhing, so wurden Picard und Fetzer dazu beordert. Die Lichter wurden angezündet, und nun galt's. Dem Kommandanten Mergemes Joseph, der der Räubertaktik gemäß voraus mußte, ward es bang. Indessen war die Haustür nicht stark und flog ein. Der Bewohner des Hauses setzte sich zur Wehr, indem er von der Treppe, worauf er stand, beständig auf die Eindringenden schoß. Mergemes Joseph, der nun völlig den Mut verloren hatte, retirierte hinter eine im Haus stehende Tonne und wollte nicht voran. In der Angst seines Herzens rief er endlich den Picard, übergab ihm den Schoger (= Brecheisen), den Kommandostab, und bat ihn, das Kommando zu übernehmen. Dieser rief den Schildwachen Mut zu und stieg herzhaft die gefährliche Treppe hinauf. Der Mann im Hause hatte zwar seine Munition verschossen, aber doch Kraft und Mut genug, mit seinem Beil dem vordringenden Picard einen so gewaltigen Schlag auf den Kopf zu versetzen, daß er rücklings und, wie es schien, tot die Treppe hinabstürzte. Ohnmächtig lag er unten auf dem Boden, Blut strömte häufig aus seiner Wunde.«

Jetzt hielt es Fetzer nicht mehr draußen. Er übernahm das Kommando und hatte bei seinem Angriff mehr Glück. Alle Hausbewohner konnten überwältigt und gefesselt werden. Doch die Beute erwies sich, entgegen den Angaben des *Baldovers*, als sehr gering. Den Urheber des Desasters, »den Anbringer und sauberen Kommandanten Mergemes Joseph«, verprügelte Fetzer noch während der Plünderung.

Picard überlebte. Man legte ihm einen Verband an und trug ihn in ein sicheres Versteck.

* * *

Die Zeiten wurden für die Räuber gefährlicher. Die Regierungen waren entschlossen, dem Räubertum ein Ende zu bereiten. Der König von Preußen setzte eine Immediat-, Militair- und Civil-Sicherheits-Commision unter Leitung des Generalmajors von L'Estoq ein. Die französische Regierung beauftragte den General-Commissair des Rhein-Departments, Jean Bon St. André, mit den schärfsten Mitteln vorzugehen. An der Spitze der Spezial-Kommission zur Bekämpfung des Räuberunwesens stand der Bürger Keil, Öffentlicher Ankläger und Oberster Gerichtlicher Polizeibeamter im Department der Roer.

Keil verfolgte, wie man aus seinen Aufzeichnungen ablesen kann, den Picard mit einer gewissen Bewunderung. Er war auch kein stumpfer Inquisitor, der mit Folter Geständnisse zu erpressen suchte, vielmehr wandte er Methoden an, die zu seiner Zeit als geradezu revolutionär galten.

Keil brachte verhaftete Räuber in »schöne, heitere Zimmer«, gab ihnen Wein zu trinken, lachte und scherzte mit ihnen in der »Kochemer Sprache« (= Rotwelsch). So erfuhr er von »verwilderten Menschen aus freien Stücken, aus eigenem Antrieb, die durch Erzählung ihrer Abenteuer dem freundlich sie behandelnden Mann danken wollten«, die wichtigsten Aufschlüsse.

Sogar Fetzer, Picards Adjutant, der im Jahr 1802 dem Öffentlichen Ankläger ins Netz ging, war von Keil beeindruckt. Vor seiner Hinrichtung im Februar 1803 dankte Fetzer Keil für dessen »geleistete Wohltaten«.

Vorher hatte Fetzer ein umfangreiches Geständnis abgelegt und an seinem eigenen Nachruhm gestrickt. Als letzte Gnade erbat er sich, daß ihm der Beichtvater die schon fertigen Bogen seiner Biographie vorlese. »Auf seinem Gesicht zeigte sich die größte Heiterkeit; er lächelte oft, nickte mit dem Kopf, daß alles das so wahr wäre und horchte mit der grenzenlosesten, ungeteiltesten Neugier zu.«

Keil reiste unermüdlich in den Rheinlanden umher. Er verhandelte mit Regierungen, ärgerte sich über Polizei- und Justizbehörden. Der Erfolg gab ihm schließlich recht. 1804 konnte er sich rühmen, die Länder am Rhein von der Räuberplage befreit und die wichtigsten ihrer Anführer dem Henker geliefert zu haben. Zu seinem Kummer gehörte Picard nicht dazu.

* * *

In den Jahren nach 1801 hört man von Picard nicht mehr viel. Eine Geschichte gibt Keil noch zum besten, die zeigt, daß Picard auch ein eiskalter Mörder sein konnte: »Einer der Mersischen saß in einer Stadt der Niederlande gefangen und bekannte auf

Picard und seine Gesellen. Ja, er gab auch jemand von der Polizei die Mittel an, die Bande aufzuheben. Picard, der dieses erfuhr, erschien mit einigen der Bande und befreite den Menschen aus dem Kerker. Gleich darauf ging er auf einen anderen Raub aus und nahm ihn mit. Als er mit ihm unterwegs war, ergriff er eine Pistole und schoß ihn über den Haufen.«

1804 enden Keils Aufzeichnungen. Einer seiner letzten Gedanken gilt Picard, jenem Mann, den er fünfzehn Jahre lang verfolgte und den er nicht überführen konnte. Und doch klingt sein Resümee eher nüchtern, fast resignativ: »Wer da glauben wollte, daß Menschen wie Picard, der seit seinem fünfzehnten Jahre bis jetzt in sein dreißigstes ununterbrochen vom gewaltsamen Raub gelebt hatte, der vielleicht zwanzigmal in den Händen der Justiz gewesen, und so oft er entschlüpfte, wieder zu seinem abscheulichen Handwerk die Zuflucht nahm, daß solche Menschen durch erworbenen Reichtum, durch Zurückkehren der Vernunft, durch moralische Einwirkung ihrem alten Sünderleben entsagen und sich einem erlaubten Gewerbe ergeben könnten, wer, sag' ich, diese Meinung nähren wollte, der müßte seine Abstraktionen aus Dichtungen genommen und keinen Blick in die wirkliche Welt getan haben. Roman-Räuberhauptleute, aber keine Räuberchefs, wie sie existieren und wie wir sie kennen, lassen sich durch moralische Motive von ihrer Laufbahn abbringen.«

* * *

Abraham Picard (oder der Mann, den man für Picard hielt) wurde 1805 im Amt Bergen gefaßt und starb 1807 in der Haft in Marburg, ohne seine Identität eingestanden zu haben. Um ihn zu überführen, korrespondierten die Marburger Behörden mit anderen Gerichten, unter anderem mit dem Hofgericht Neuburg, wo der jüdische Gauner Löw Ulmann eine genaue

Beschreibung Picards gegeben hatte. Offensichtlich reichten die Beweise jedoch nicht aus, um Picard zum Tode zu verurteilen.

* * *

Vor den verstärkten Anstrengungen der Sicherheitsbehörden in den Niederlanden, in Frankreich und im Rheinland wichen einzelne Mitglieder der Niederländischen Bande in andere Gebiete aus. Nach 1810 hört man von Ablegern der *Niederländer* in der Nähe Lübecks, in Mecklenburg, im südlichen Hannover, in Hessen und Schwaben. Noch 1823 wurde ein aufsehenerregender Prozeß gegen eine Nachfolgerbande der *Niederländer* in Franken geführt.

Tatsächlich aber war die Hochzeit der mitteleuropäischen Banden 1810 beendet. Mit dazu beigetragen hat sicher auch die »Judenemanzipation«, die in Preußen von Staatskanzler von Hardenberg betrieben wurde und die 1812 Juden zu Staatsbürgern mit gewissen Einschränkungen machte.

* * *

Am 13. März 1810 konnte der Maire (= Bürgermeister) von Münster nicht umhin, dem »Handelsmann« Nathan Elias Metz aus Warendorf die Erlaubnis zum Aufenthalt zu erteilen. 1812 lebten bereits 21 und 1816 achtzig Juden in Münster.

* * *

Am 6. Juni 1815 berichtete das »Münsterische Intelligenzblatt« von einem Mord: »Der hiesige jüdische Banquier Isaac Loudi Hertz, ein beinahe 80jähriger, allgemein geachteter Greis, wurde (...) durch eine demselben am Halse beigebrachte enorme Schnittwunde auf die frechste Weise ermordet.« Als Motiv vermutet das Blatt »Raubbegierde«, da »ein in eben demselben Zimmer, in welchem die Ermordung verübt worden, befindlicher, von dem Ermordeten stets unter sicherm Beschlusse gehaltener Geldschrank nach der verübten Tat (...) geöffnet gefunden wurde.« Trotz der »gleich nach verübter Tat (...) vorgenommenen gerichtlichen Besichtigung hat man eben so wenig als durch die seitdem ununterbrochen fortgesetzte Untersuchung weder das Mordinstrument noch sonst einige Spuren entdeckt, von denen man auf die Person des Täters hätte schließen können.«

V

Raub und Totschlag in der Nachkriegszeit
oder Zwei nervöse junge Männer (1919/20)

»Wie dieser Frieden unserem Vaterlande den Stempel der Not
und Entbehrungen, der Schmach und der Schande aufdrückt,
so wird er auch unserem städtischen Gemeinwesen Fesseln
auflegen, die in ihrer Schwere jetzt nur noch geahnt, im Laufe
des Jahres aber unzweifelhaft bitter empfunden werden«,
schrieb der »Münsterische Anzeiger« am 31. Dezember 1919
in seinem Rückblick auf das »tieftraurige« Jahr 1919.

Die Münsteraner haderten mit Hunger und Wohnungsnot,
mit Inflation, Wirtschaftskrise und (in ihrer Mehrheit) mit den
politischen Verhältnissen nach der Revolution von 1918. Während
im nahegelegenen Ruhrgebiet Arbeiter- und Soldatenräte
das Regiment übernahmen, dominierten in der Provinzialhauptstadt, Standort des VII. Armeekorps, das Freikorps
»Lichtschlag« und die rechtsgerichtete »Akademische Volks-
wehr«. Bei der Wahl zur Nationalversammlung am 19. Januar
1919 erhielt die SPD in Münster ganze 14 Prozent.

Auch wenn die große Mehrheit der Münsteraner den Ver-
sailler Friedensvertrag (und nicht den von Deutschland ver-
ursachten Weltkrieg) für die schlechten Lebensbedingungen
verantwortlich machte, kam es immer wieder zu Demonstrationen gegen überhöhte Lebensmittelpreise und Mißstände bei
der Lebensmittelverteilung. Eine dieser Demonstrationen (am
17. Juni 1919) geriet außer Kontrolle, und ein Teil der Demon-

stranten plünderte das Kaufhaus Kluxen am Prinzipalmarkt. In diesen unruhigen Zeiten stand »das Barometer«, wie der »Münsterische Anzeiger« in seiner Ausgabe vom 31. Dezember 1919 bemerkte, »manchmal bedenklich auf Sturm«. Dubiose Geschäfte, Schiebereien, Diebstähle waren an der Tagesordnung. Waffen gab es reichlich. Und entwurzelte junge Männer, die vom Krieg seelisch verwüstet waren.

* * *

Ende Juli 1919 wurde in einem Gebüsch in der Loddenheide, in der Nähe des Kanals, die bereits im Zustand der Verwesung befindliche Leiche eines Mannes gefunden. Die Polizei vermutete, daß es sich bei dem Unbekannten um das Opfer eines Raubmordes handelte, und befragte die Menschen, die auf den umliegenden Höfen beschäftigt waren.

Ein Landwirt sagte aus, er habe am 28. Juni, gegen elf Uhr vormittags, verschiedene Schläge, wie auf den Kopf eines Tieres, und kurz darauf einen Ausruf sowie Wimmern und Stöhnen im nahen Wäldchen gehört. Er habe aber nicht sofort hingehen können, da er mit seinen Pferden zu tun hatte. Nachmittags habe er dann mit einem Nachbarn und einem Hund das Dickicht abgesucht, ohne Erfolg.

Erst einen Monat später wurde die Leiche gefunden. Sie befand sich in einer Position, die der eines Schlafenden ähnelte, etwa 80 Zentimeter vom Körper entfernt lagen ein Hut und ein Regenschirm. Der Tote trug eine Uhr und eine Kette, allerdings kein Geld bei sich.

Andere Zeugen, die am mutmaßlichen Tag der Tat in der Nähe des Tatortes gearbeitet hatten, gaben an, sie hätten einen jungen Mann mit feldgrauer Hose, Litewka (= blusenartiger Uniformrock, Freizeitkleidung deutscher Offiziere), jedoch ohne Kopfbedeckung, gesehen, der hastig am Acker vorbeiging. Er habe das Gesicht abgewendet und sei Richtung Hiltrup gegangen.

Die Polizei fand heraus, daß es sich bei dem Ermordeten um einen gewissen Franz Kemper aus Upsprunge handelte. Und sie hatte bald auch einen Verdächtigen, den 21jährigen Landwirtschaftseleven Karl Licht aus Münster.

* * *

Karl Licht blickte bei seiner Festnahme bereits auf eine kriminelle Karriere zurück. 1898 in Münster geboren, arbeitete er nach seiner Schulentlassung in der Maschinenfabrik Stille. Dann ging er nach Beckum und war ein Jahr lang in der Landwirtschaft tätig. 1914 fiel er erstmals bei einem Diebstahl auf und kam in die Fürsorgeerziehung. Der Sechzehnjährige floh aus dem Heim und wollte 1914, bei Kriegsausbruch, Soldat werden. Offensichtlich wurde er aber für noch zu jung befunden, denn in der Folgezeit machte er mit mehreren Komplizen die Umgebung Münsters unsicher. Die nicht näher beschriebenen Straftaten (wahrscheinlich Diebstähle) führten zu Lichts erneuter Verhaftung. Diesmal wurde er zu einer Gefängnisstrafe verurteilt.

Aus der Haft entlassen, kam er direkt an die Westfront. Hier zeichnete er sich bei den erbitterten Grabenkämpfen aus und wurde dafür mit beiden Klassen des Eisernen Kreuzes belohnt.

Im Frühjahr 1919 entließ ihn die Armee. Licht trat eine Stelle auf dem Gut Wolfsthal bei Salzkotten an. Dort erlitt er einen Unfall und kam ins Krankenhaus von Salzkotten. Im Krankenhaus lernte er den lungenkranken Franz Kemper kennen, der die Absicht äußerte, sich selbständig zu machen und ein Pferd zu kaufen.

* * *

Bei seiner Festnahme leugnete Karl Licht zunächst die Tat.
Später sagte er, er habe seinen kranken Vater, bei dem er in
Münster wohnte, schonen wollen. Erst als er vom Tod seines
Vaters erfuhr, gab er zu, daß er sich mit Kemper gestritten und
diesen mit einem Regenschirm niedergeschlagen habe. Aller-
dings bestritt er (und wiederholte diese Behauptung auch vor
Gericht), daß er den Kemper umgebracht habe. Nach Lichts
Darstellung hat sich am 28. Juni 1919 folgendes abgespielt:

Im Krankenhaus von Salzkotten hatte Licht Kemper angeboten, den Pferdekauf zu vermitteln. Zu diesem Zweck setzte
er sich mit zwei Männern in Dortmund, mit denen er schon
früher Schiebergeschäfte betrieben hatte und von denen er nur
die Vornamen Fritz und Franz kannte, in Verbindung. Fritz
und Franz erklärten sich bereit, das Pferd zu besorgen. Am 28.
Juni sollte das Geschäft über die Bühne gehen.

Um acht Uhr morgens trafen Licht und Kemper, mit dem
Zug aus Salzkotten kommend, im münsterschen Hauptbahn-
hof ein, wo sie von Fritz und Franz empfangen wurden. Die
beiden Dortmunder Pferdehändler erzählten, daß das Pferd
in einer Wirtschaft auf dem Weg von Münster nach Hiltrup
stehe. Gemeinsam machte man sich dorthin auf.

Kemper gefiel das Tier (eine tragende Stute), und er wurde
mit Fritz und Franz handelseinig. Kurz darauf, Fritz und Franz
waren bereits gegangen, erschien ein Landwirt in der Wirtschaft, der das Pferd kaufen wollte. Licht schlug Kemper vor,
das Pferd zu einem höheren Preis zu verkaufen und verlangte
für sich eine Provision von 3.000 Mark. Kemper ging darauf
ein, verkaufte das Pferd wieder (für 12.000 Mark), gab Licht
aber nur 2.000 Mark.

Auf dem Rückweg verpaßten Licht und Kemper den Zug
nach Münster. Um nicht unnötig zu warten, gingen sie zu Fuß

– durch die Loddenheide. Unterwegs verlangte Licht die noch ausstehenden 1.000 Mark Provision, Kemper meinte jedoch, 2.000 Mark seien genug. Darauf geriet Licht in Wut, nahm Kemper den Regenschirm ab und versetzte ihm damit einen Schlag auf den Kopf. Kemper fiel zu Boden, Blut wurde sichtbar. Voller Angst, sagte Licht, sei er nach Hause gelaufen und habe sich zu Bett gelegt. Erst später habe er erfahren, daß Kemper tot sei.

* * *

Es dauerte knapp zwei Jahre, bis die von den Zeitungen sogenannte »Bluttat in der Loddenheide« im April 1921 vor dem Schwurgericht Münster verhandelt wurde. Zu diesem Zeitpunkt befand sich Licht bereits in Haft. Am 12. Februar war er wegen einer anderen Straftat zu 13 Monaten Gefängnis verurteilt worden.

Nach der Einvernahme Lichts gutachteten zwei Psychiater über den geistigen Zustand des Angeklagten. Übereinstimmend schilderten sie ihn als durchschnittlich intelligent, jedoch von leichter Erregbarkeit und nervös-psychopathischer Konstitution. Des öfteren sei er hysterischen Anfällen unterworfen, von daher könne man ihm, vom medizinischen Standpunkt aus, mildernde Umstände zubilligen. Allerdings seien keine Anzeichen vorhanden, die seine freie Willensbildung im Sinne des Paragraphen 51 (= Unzurechnungsfähigkeit) ausschlössen.

Anschließend erstatteten Kreisarzt Dr. Besserer und Dr. Röschel den Obduktionsbefund des getöteten Kemper. Die verweste Leiche war nach ihrem Auffinden nur kurz untersucht, später jedoch, als Licht die Tat bestritt, noch einmal exhumiert worden. Trotz aller Einschränkungen, die aufgrund der weit fortgeschrittenen Verwesung gemacht werden müßten, glaubten die beiden Ärzte, die Todesursache in einem Riß im Hinterkopf erkannt zu haben. Ein Schlag mit einem Regenschirm, so die Mediziner, habe diese Wirkung nicht haben können, eher käme dafür ein scharfer Stein in Betracht. Für sehr unwahrscheinlich hielten sie zudem die Möglichkeit, daß sich Kemper, nach dieser Verletzung, vom Ort des Wortwechsels mit Licht und unter Mitnahme seines Hutes und seines Regenschirms in das Gebüsch begeben habe und dort erst gestorben sei.

Die Darstellung des Tathergangs, wie sie Licht gegeben hatte, erschien durch den Obduktionsbefund sehr fragwürdig. Noch schlimmer kam es für den Angeklagten, als die Staatsanwaltschaft mehrere Belastungszeugen aufbot, die aus seiner früheren Diebes- und Hehler-Clique stammten. Die Zeugen sagten aus, Licht habe ihnen gegenüber die Tat eindeutig als Raubmord geschildert.

Am gravierendsten war die Aussage eines Mannes, den Licht anfänglich selbst der Tat bezichtigt hatte. Der Richter, der wohl Rachemotive bei dem Zeugen annahm, ermahnte ihn mehrfach, bei der Wahrheit zu bleiben. Der aus der Strafhaft vorgeführte Zeuge bestand jedoch darauf, daß Licht ihm bei einem Spaziergang auf der Promenade die Tat in allen Einzelheiten erzählt habe. Zusätzliche Informationen, zum Beispiel, daß Licht nach der Tat seine Litewka und Wickelgamaschen verbrannt habe oder daß er zur Tatzeit im Besitz mehrerer Waffen gewesen sei, beeindruckten das Schwurgericht nachhaltig.

* * *

Als Lichts Verteidiger, Dr. Steinberg, sein Plädoyer hielt, stand er auf verlorenem Posten. Seinem Antrag, den Angeklagten nur wegen Körperverletzung mit Todesfolge, aber nicht wegen Raubes zu verurteilen, folgten die Geschworenen nicht.

Sie schlossen sich vielmehr der Auffassung des Vertreters der Anklagebehörde an, der eine Verurteilung wegen Totschlags, schweren Raubes und unbefugten Waffenbesitzes gefordert hatte.

Während der Beratung des Gerichtes erlitt Licht einen hysterischen Anfall, der etwa eine Viertelstunde dauerte. Sein Verteidiger beantragte anschließend, noch einmal die Verhandlungsfähigkeit des Angeklagten untersuchen zu lassen. Der Vorsitzende Richter lehnte dies jedoch ab, als Licht seine Frage, ob er das Urteil hören könne, bejahte.

Karl Licht wurde zu 13 Jahren Gefängnis und Aberkennung der bürgerlichen Ehrenrechte auf Dauer von zehn Jahren verurteilt.

* * *

Im selben April 1921 wurde eine zweite »Bluttat« vor dem Schwurgericht Münster verhandelt. Wieder war der Angeklagte leicht erregbar, in Diebstähle verwickelt und im Pferdehandel tätig. Doch diesmal fehlte das Motiv des Raubes. Peter Kneip, so hieß der Mann, hatte seinen Nachbarn Franz Morschheuser aus nichtigem Anlaß erschossen. Als Entschuldigung gab er an, er sei betrunken gewesen und könne sich nur bruchstückhaft erinnern.

Die Familie Morschheuser – der Vater und der Bruder des Getöteten entgingen nur knapp weiteren Schüssen – sah das anders: Kneip habe den Franz kaltblütig ermordet. Und er habe schon vorher gedroht: »Bald müssen die Morschheuser dran glauben.«

* * *

Der mehrfach vorbestrafte, zur Tatzeit 37 Jahre alte Fuhrmann Peter Kneip wohnte in einem Haus in der Zimmerstraße, gegenüber dem Anwesen des Schlossermeisters Morschheuser. Kneip hatte »gedient«, war aber nach Holland desertiert und nach der Revolution in den Pferdehandel eingestiegen, bevor er sich wieder als Fuhrmann verdingte.

Kneip stand mit den Morschheusers zunächst in nachbarschaftlichem Verkehr, das Verhältnis hatte sich aber in den Wochen vor der Tat rapide verschlechtert, weil Kneip glaubte, daß ihn die Morschheusers bei der Polizei angezeigt hatten. (Und tatsächlich war die Polizei zu mehreren Hausdurchsuchungen nach verstecktem Diebesgut erschienen.) Seitdem ließ Kneip keine Gelegenheit aus, die Morschheusers öffentlich zu beschimpfen.

Am Abend des 30. Mai 1920 begann Kneip eine Sauftour, die ihn durch mehrere Lokale führte und erst am nächsten Morgen endete. Er habe reichlich Schnaps genossen, sagte Kneip vor Gericht, und seit der letzten Station, einer Wirtschaft auf der Himmelreichallee, könne er sich der Tatsachen nicht mehr genau entsinnen. Eine Einschätzung, die bei seinen Saufkumpanen durchaus umstritten war. Einige bezeichneten ihn als »sinnlos betrunken«, andere als nur »angeheitert«.

Am frühen Morgen des 31. Mai, als Kneip nach Hause zurückkehrte, kam es dann zu einem Wortwechsel mit Frau Morschheuser. Diese habe ihm einen Schlag versetzt, gab Kneip an; er habe sie mit Worten wie »Saumensch« beschimpft, sagte Frau Morschheuser.

Vater Morschheuser und die Söhne Franz und Adolf, die in der Schmiede arbeiteten, hörten den Streit und traten auf den Hof, um nach dem Rechten zu sehen. Franz habe ihn mit einer Eisenstange bedroht, meinte Kneip; es habe keine Eisenstange gegeben und der alte Morschheuser habe beschwichtigend auf Kneip eingeredet, sagten die Morschheusers.

Mit den Worten »Was? Ihr wollt mir was?« zog Kneip einen Browning-Revolver aus der Tasche. Er habe nur einen Schreckschuß abgeben wollen und nicht die Absicht gehabt, zu töten, lautete Kneips Version; er habe den linken Arm mit dem rechten abgestützt und, auf Franz zielend, abgedrückt, sagten die Morschheusers.

Franz Morschheuser brach zusammen. Die Kugel war durch den Oberkiefer in das Gehirn eingedrungen und führte zehn Minuten später zu seinem Tod.

An das weitere Geschehen könne er sich nicht erinnern, sagte Kneip aus; Kneip habe noch zwei Schüsse abgegeben, die dem Vater und dem jüngeren Bruder gegolten hätten, sagten die Morschheusers.

Er habe im Rauschzustand gehandelt, sagte Kneip; Kneip sei nicht betrunken, nicht einmal angetrunken gewesen, sonst hätte er nicht so ruhig zielen können, sagten die Morschheusers.

Nach der Tat floh Kneip durch mehrere Hinterhöfe, unter anderem überkletterte er eine zwei Meter hohe, mit Stacheldraht bedeckte Mauer. Anschließend überquerte er die Gleise des Güterbahnhofs und verkroch sich unter einem Busch in der Loddenheide, wo er, nach seinen Angaben, den Rausch ausschlief. Am Abend verhaftete ihn die Polizei im Haus eines Bekannten.

* * *

Am ersten Verhandlungstag, im Oktober 1920, stellte die Verteidigung den Antrag, den Angeklagten in einer Irrenanstalt auf seinen Geisteszustand untersuchen zu lassen.

Der Sachverständige Dr. Wiedmann, der Kneip zweimal im Gefängnis besucht hatte, schilderte ihn als zwar aufgeregten, aber nicht anormal veranlagten Menschen. Der Schutz des Paragraphen 51 könne ihm jedenfalls nicht zugebilligt werden. Allerdings wolle er, Wiedmann, in einer so wichtigen Angelegenheit kein abschließendes Urteil abgeben und unterstütze daher den Antrag der Verteidigung.

Nach eingehender Beratung beschloß das Gericht, Kneip in eine Anstalt zu überweisen.

* * *

Im April 1921 wurde die Verhandlung fortgesetzt. Alles kam jetzt auf das Gutachten des Leiters der Heil- und Pflegeanstalt Eickelborn, Dr. Hermkes, an, in dessen Behandlung sich Kneip vom November 1920 bis zum Januar 1921 befunden hatte.

Hermkes bezeichnete den Angeklagten als im allgemeinen zugänglichen und gutmütigen Menschen, der jedoch leicht in Erregung zu bringen sei. Seine leichte Reizbarkeit könne von einem 1903 erfolgten Sturz auf den Kopf (von einem Gerüst) herrühren, wodurch auch der häufige Kopfschmerz des Angeklagten begründet sei. Gegen Alkohol besitze Kneip eine starke Intoleranz. Durch entsprechende Versuche habe er, Hermkes, festgestellt, daß Kneip dem Alkohol leicht unterliege und bei großen Dosen in einen ausgesprochen krankhaften Rauschzustand verfalle, in dem er kaum zu bändigen sei und der bei ihm einen illusionären Wahnzustand hervorrufe. Dieser Zustand könne durchaus auch während der Tat vorhanden gewesen sein, so daß die Zurechnungsfähigkeit sehr stark gemindert, wenn auch nicht ganz aufgehoben gewesen sei. Auf jeden Fall halte er bei Kneip eine Überlegung dieser Tat für ausgeschlossen.

Nach diesem Gutachten ließ der Vertreter der Anklagebehörde die Beschuldigung wegen Mordes fallen und beantragte, den Angeklagten wegen vorsätzlicher Tötung unter Versagung mildernder Umstände zu sieben Jahren Gefängnis zu verurteilen, während der Verteidiger für die Freisprechung seines Mandanten eintrat.

Das Gericht verurteilte Peter Kneip zu fünfeinhalb Jahren Gefängnis, Verlust der bürgerlichen Ehrenrechte auf die Dauer von fünf Jahren und Einziehung des bei der Tat benutzten Revolvers.

Hauptverhand-
te. Dabei mußte
bst am besten
ohrbach Grund
teraner Zeugen
weiswürdigung"
.

Heukamp-Kolle-
20tägigen ersten
nur kein plau-
n, keinen direk-
ekten Tatzeugen
einmal ein einzi-
r den Hergang
att dessen hatte
eiseite gewischt,
Urteil fingierten
stellt hätten:

atte am Dienstag,
ericht angenom-
kt, Linsen geges-
ch etwa 24 Stun-
rgan. Doch hatte
der den Darm-
ntersuchte, keine
tstellen können.
: „Der angenom-
nkt kann nicht

hatte statt der
Rohrbachs Ma-
üffeln gefunden,
denten Gerichten
und wie sie im
bachs nicht ver-
rnte Schratz: „Er
rts nochmals ge-

Rohrbachs wur-
g der auf die Tat
efunden. Die ge-
bildung" an den
te darauf hin, daß
dlange im Wasser
Angeklagte aber
mstag im Verhör.

Wohnung wurden
ulutigen Fünftei-
a die Stelle ermit-
nstücke bis zum
rt worden waren.
r unter der Dach-
e Kriminalpolizei
cht und unter

mer ein Rumpel ausgebreitet und an
seinem Grunde der verweste, angeblich
längst verbrannte Schädel des Anstreichers Rohrbach sichtbar geworden wäre.
Nunmehr erst konnte der Anwalt Gross
mit der Münsteraner Justiz um die Wie-

Kriminalistik sei über
Fachmann anzusehen is
weitgreifenden Fachge
möglichkeiten und E
in einem Ausmaße
stehen, die sicher nicht
jetzt
nann
ler
wahi
treff

Di
gebe
einge
heits
tete
schat
an i
Guta
über
Thall
obsch
senso
achte
mene
jede
halti
Körp
scher
ren

Gr
31. O
die A
hund
aus M
sern.
Loko
Land
und
Kam
Spech
enthi
zum
Mehr
was
Herd
den

Anwalt **Gross**, Mandantin: Hundert Rohrproben

deraufnahme des Prozesses zu raufen
beginnen.
    Den ersten ausführlichen Schriftsatz
— genau 99 Seiten — schickte Gross am
15. August 1960 an die Strafkammer II

Rosendahl: „Es ist in ke
getan, daß die Feststellu
durch die neuen Gutac
worden sind."
    Am 26. Januar diese

Um
tete d

Maria Rohrbach mit ihrem Anwalt

VI

Der Justizskandal Rohrbach (1957-1961)

13. April 1957. Am Vortag hatten 18 führende Atomwissen-
schaftler der Bundesrepublik, darunter Hahn, Heisenberg und
Weizsäcker, vor den Plänen für eine Bewaffnung der Bundes-
wehr mit Atomwaffen gewarnt. Außerdem erklärten 50 maß-
gebliche Firmen der Markenartikelindustrie ihre Bereitschaft,
die Preise für ihre Produkte bis mindestens Ende dieses Jahres
stabil zu halten. Damit wollten sie die Bemühungen des Bun-
deswirtschaftsministers Erhard unterstützen, das Preisgefüge
zu festigen und die Kaufkraft der Währung zu erhalten.

Mehr Aufmerksamkeit bei den Münsteranern erregte eine
andere Meldung in den »Westfälischen Nachrichten«: »Grau-
siger Leichenfund im Aasee. Einer der grausigsten Fälle der
münsterischen Kriminalgeschichte harrt der Aufklärung. Ge-
stern vormittag gegen 11 Uhr entdeckten spielende Kinder am
Aasee-Ufer in der Nähe der Goldenen Brücke ein ange-
schwemmtes Paket. Ein städtischer Gärtner zog das Paket an
Land und fand darin den furchtbar verstümmelten, kopflosen
Oberkörper einer männlichen Leiche. Die sofort einsetzende
Suchaktion der Kriminalpolizei im gesamten Gebiet des Aasees
blieb erfolglos. Aber kaum anderthalb Stunden später lief die
Meldung ein, daß zwei Jungen in der Aa bei der Wienburg ein
weiteres Paket mit einem Leichenteil gefunden hatten. Es han-
delte sich dabei um den Unterkörper ohne Oberschenkel und
Beine. Die beiden Leichenteile wurden ins Gerichtsmedizini-
sche Institut gebracht. Da sie unbekleidet waren und die Ver-

101

packung bis jetzt keine Anhaltspunkte für die Identität des Toten und des vermutlichen Täters ergeben hat, bittet die Kriminalpolizei die gesamte Bevölkerung um Mitarbeit bei der Aufklärung des scheußlichen Verbrechens.«

Noch am selben Tag gelang es der Polizei, die Leichenteile zu identifizieren. Am Sonntag, den 14. April, um 14 Uhr, erklärte Kriminal-Oberkommissar Jochum der Presse: »Zwar gab die Untersuchung des Fundes der beiden Pakete, in denen ein männlicher Ober- bzw. ein Unterkörper verborgen waren, uns soviel Anhaltspunkte, daß wir den Toten als den an der Kerßenbrockstraße wohnenden Anstreicher Hermann Rohrbach identifizieren konnten, doch ist es uns bis zur Stunde noch nicht gelungen, den Mörder festzustellen.«

Den entscheidenden Hinweis hatte ein Lederriemen gegeben, mit dem eines der beiden Pakete verschnürt worden war. Nach seiner Trockenlegung hatten die Beamten den mit Bleistift eingeritzten Namen Rohrbach auf dem Gürtel entdeckt. Den Namen Rohrbach, so Jochum, gebe es in Münster nur zweimal, unter anderem in der Kerßenbrockstraße. Dort habe eine Frau Rohrbach gesagt, ihr Mann sei um vier Uhr des fraglichen Tages fortgegangen, um zur Arbeit zu gehen. Anschließend habe er zusammen mit einem anderen Mann Nebenarbeit verrichten wollen; sie könne aber nicht sagen wo, möglicherweise bei einem Bauern. Am Freitagabend oder Samstagmittag habe er zurückkommen wollen. Als die Beamten dann Frau Rohrbach den Lederriemen zeigten, habe sie ihn als jenen ihres Mannes erkannt.

* * *

Was Oberkommissar Jochum der Presse nicht erzählte: Die Polizei war bereits fest überzeugt, die Täterin gefaßt zu haben. Es war sozusagen ein Verdacht auf den ersten Blick, wie

Staatsanwalt Rosendahl später in seinem Plädoyer enthüllte: »Für die Kriminalbeamten ist es damals nicht leicht gewesen, der Ehefrau am Morgen des 13. April mitzuteilen, daß ihr Mann tot ist. Bei dieser Gelegenheit ist etwas zutage getreten, das selbst für Kriminalbeamte, die viel gewohnt sind, unverständlich gewesen ist: Außer einen weinerlichen 'Nein, nein' zeigte die Angeklagte keine Reaktion. Die natürliche Reaktion wäre ein Zusammenbruch oder ein Aufschrei gewesen. Aber nichts davon. Maria Rohrbach stellte keine Frage nach dem 'Wie und Wo'. Sie stellte keine Frage nach der Tötungsart. Konnten die Beamten da nicht annehmen, daß der Tod ihres Mannes nichts Neues für sie war?«

Maria Rohrbach wurde seit Samstag verhört, am Sonntag vorläufig festgenommen und am Montag dem Haftrichter vorgeführt, der gegen sie wegen dringenden Verdachts des Mordes Haftbefehl erließ. Obwohl Rohrbach bestritt, ihren Mann ermordet zu haben, verfolgte die Polizei praktisch keine andere Spur.

Am Montag erläuterte Oberkommissar Jochum der Presse, warum die Polizei so sicher war, die Richtige erwischt zu haben. Die Verhältnisse der Rohrbachschen Ehe seien »denkbar schlecht« gewesen. Man habe festgestellt, daß es Frau Rohrbach »mit der ehelichen Treue nicht sehr genau genommen« habe. Sie habe mehrfach Freunde gehabt, im letzten halben Jahr sogar »einen Ausländer«. Von »Roo« (so nannte Maria Rohrbach den englischen Sergeant Donald Ryan) habe in der letzten Woche noch ein großes Foto im Wohnzimmer gestanden, als die Kriminalbeamten am Samstag erschienen, sei dieses Bild in einen Schrank fortgeräumt gewesen.

Außerdem sei Frau Rohrbach am Dienstag vergangener Woche vom münsterischen Amtsgericht wegen Unterschlagung zu drei Wochen Haft, ersatzweise 90 DM Buße, verurteilt worden. Wesentlich beigetragen zu der Verurteilung habe die belastende Aussage ihres Ehemannes. Noch im Gerichts-saal habe sich Frau Rohrbach dahingehend geäußert, daß ihr Mann »das noch zu spüren bekommen« werde.

Vor allem die Nachbarinnen der Rohrbach überboten sich mit sachdienlichen Hinweisen. Eine sagte aus, daß Maria Rohrbach ihren Mann »oft geschlagen und einmal mit einem heißen Bügeleisen das Gesäß verbrannt hat«. Eine andere wollte gesehen haben, wie Frau Rohrbach brutal auf ihren Mann eingeschlagen habe. Ein Nachbar konnte sich noch genau an ein Weihnachtsfest erinnern, bei dem Hermann Rohrbach am Heiligen Abend vor der Haustür gestanden, immer wieder geklopft und gerufen habe: »Laß mich doch rein, es ist doch Heilig Abend.«

Und als ein Kriminalbeamter einer früheren Freundin Marias ein Bild der Eheleute Rohrbach zeigte und dabei erwähnte, einer von beiden lebe nicht mehr, lief die Frau schreiend in die Küche zu ihrem Mann: »Die Mi hat Hermann umgebracht!« Auf Nachfrage berichtete sie, Maria Rohrbach habe schon mal mit ihr über das Vergiften und Zerstückeln von Hermann gesprochen.

Am beeindruckendsten für die vernehmenden Kriminalbeamten war jedoch die »Gefühlskälte« der Verdächtigen: »Wir erlebten es fast kaum, daß Frau Rohrbach berührt zu sein schien.«

Einmal erkundigte sie sich nach den Eiern und den drei Koteletts, die sie am Samstagvormittag noch eingekauft hatte. Dann wiederum bat sie, ihr von daheim ein weiteres Kleid zu bringen, es könne ja wohl Sommer werden, bis man den Täter habe, und sie könne schließlich nicht monatelang in ein und demselben Kleid herumlaufen. Die Beamten, später vom Gerichtsvorsitzenden nach ihren Gefühlen befragt, konnten nicht umhin festzustellen, entsetzt gewesen zu sein: »Diese Frau erschien genügend gefühlsroh, um als Täterin in Frage zu kommen.«

Auch bei der Konfrontation mit den Leichenteilen zeigte Maria Rohrbach nicht die angemessene Reaktion. Sie meinte nur, Hermann müsse sich wohl die Fingernägel selbst geschnitten haben. Und abfällig äußerte sie über den Toten, daß er häufig »sein Bett vollgemacht« habe: »Deshalb fällt es mir gar nicht schwer, daß er nicht mehr ist.«

»Sie verhielt sich bei uns so, als wäre sie zum Kaffeeklatsch da«, erinnerte sich einer der Vernehmungsbeamten. Obwohl Oberkommissar Jochum und seine Kollegen alles taten, um es nicht zu gemütlich werden zu lassen. Die Vernehmungen dauerten lange, einmal von zehn Uhr morgens bis zwei Uhr nachts, und wurden gelegentlich in »messerscharfer Form« durchgeführt. Dabei konnten die Beamten durchaus witzig sein, beispielsweise als man der Verdächtigen einen Hering servierte: »Ob der wohl aus dem Aasee kommt und schon mal an Hermann geknabbert hat?«

Übel nahm man der Rohrbach auch, daß sie, wenn sie schon nicht die Mörderin sein wollte, keinen adäquaten Ersatz lieferte: »Sie hat sich in keiner Weise intensiv bemüht, der Polizei Hinweise zu geben.«

Das, was Maria Rohrbach sagte, wollten die Polizisten nicht hören. Sie erzählte nämlich von Hermanns homosexuellen Neigungen und dem merkwürdigen Umstand, daß Hermanns Intimfreund Erich Böhle drei Wochen zuvor ohne Kopf aus dem Kanal gefischt worden sei. Die Wasserpolizei hatte dies als Unfall abgehakt, bei dem Böhle mit dem Kopf in eine Schiffsschraube geraten sei.

Als Maria Rohrbach schließlich während einer Vernehmung einen Nervenzusammenbruch erlitt, glaubten die Kriminalbeamten, »daß wir unmittelbar vor einem Geständnis der Frau Rohrbach standen«: »Sie warf sich vor uns auf die Knie, drückte unsere Hände und rief immer wieder: 'Fragen Sie mich doch nicht mehr!'« Anschließend beobachteten die Männer, wie die Verdächtige in die Ecke des Zimmers flüchtete und sich mit verdecktem Gesicht niederkauerte. »Dieses eigenartige Verhalten der Beschuldigten faßten wir als ein Schuldbekenntnis auf.«

* * *

Maria Rohrbach wurde 1929 in Münster geboren. Im Alter von neun Jahren kam sie in die Fürsorgeerziehung, weil sie von ihrem Stiefvater sexuell mißbraucht worden war und – wie es in der Begründung des Einweisungsbeschlusses hieß – »bereits Spuren beginnender Verwahrlosung« zeigte. Prälat Röer, Leiter des Erziehungsheimes Marienburg, bescheinigte ihr vor Gericht: »Maria lügt und betrügt in raffinierter Weise. Erst nach langem Leugnen läßt sie sich überführen.«

Nach der Entlassung aus dem Heim arbeitete sie als Hausmädchen bei verschiedenen Familien. Überall wurden ihr Fleiß und Sauberkeit, aber auch kleinere Diebstähle nachgesagt.

1950 heiratete sie den 16 Jahre älteren Anstreicher Hermann Rohrbach, einen Mann, der in der Nazi-Zeit zum Opfer des »Gesetzes zur Verhütung erbkranken Nachwuchses« geworden und wegen »angeborenen Schwachsinns« zwangssterilisiert worden war.

Die Ehe war kaum mehr als eine von Maria geplante Zweckgemeinschaft. Einerseits demütigte sie ihren, von Bekannten als »gutmütigen Trottel« beschriebenen Ehemann mit Beleidigungen wie »doofer Freier«, »dummer Hund« oder auch »du Schweinehund«, andererseits genoß sie die materiellen Freiheiten, die daraus entstanden, daß Hermann seinen gesamten Lohn bei ihr abliefern mußte. (1957 lag der durchschnittliche Monatslohn eines Arbeiters bei 400 DM, vom »Wirtschaftswunder« war noch nichts zu merken.)

1953 wurde Marias Sohn Norbert geboren. Weder vorher noch nachher verheimlichte sie ihre Männerbekanntschaften. Einige Monate vor Hermanns Tod lernte sie durch eine Freundin den englischen Sergeant Donald Ryan kennen. Maria und »Roo« trafen sich erst einmal, später zwei- oder dreimal in der Woche. Sie gingen tanzen, ins Kino, und am Wochenende übernachtete Donald gelegentlich bei den Rohrbachs. Der im Ehebett an den Rand gedrängte Hermann soll dagegen nur den Wunsch vorgebracht haben, dies möge nicht zur Regel werden.

»Fraglos hatte«, wie der »Spiegel« resümierte, »die lebenshungrige, abgebrühte, mehrfach vorbestrafte Maria Rohrbach keine Vergangenheit, wie sie in der Bischofsstadt Münster Beifall hätte finden können.«

Zum zweischneidigen Titel »Lebedame«, den Frauen ihres Lebenswandels in der Adenauer-Zeit gerne aufgedrückt bekamen (etwa Vera Brühne, die in München wegen Doppelmordes an einem waffenhandelnden, irgendwie mit Franz Josef Strauß verbandelten Arzt und seiner Haushälterin verurteilt wurde), reichte es nicht, weil Maria Rohrbach auf bürgerliche Umgangsformen keinen Wert legte (und wohl auch nicht legen konnte). Die Zustände in der kleinen Dachgeschoßwohnung in der Kerßenbrockstraße waren beengt und bescheiden, die Freiheiten klein, der menschliche Umgang mies. Aber war das alles ein Grund, warum Maria Rohrbach ihren Mann umgebracht haben sollte?

* * *

Da die Verdächtige kein Geständnis ablegen wollte, mußte sich die Polizei um Indizien bemühen. Und die Beweislage gestaltete sich recht dürftig. Weder fand man in der Rohrbachschen Wohnung Spuren, die auf eine Tötung und Fünftelung des

Anstreichers hindeuteten, noch hatte jemand gesehen, wie Maria Rohrbach ihren in Pakete verschnürten Ehemann zum Aasee oder zur Aa brachte. Außerdem fehlten immer noch die Beine und der Kopf.

Derweil behalf man sich mit Sekundärbeweisen. So fanden die Beamten in der Wohnung Hermann Rohrbachs halblangen Mantel und im Hausflur sein Fahrrad. Um diese Jahreszeit habe Hermann jedoch grundsätzlich den Mantel getragen, auch sei er normalerweise mit dem Fahrrad zu seiner an der Weißenburgstraße gelegenen Arbeitsstelle gefahren.

Am Gepäckträger dieses Fahrrads stellten die Spurensicherer Textilfasern fest, »die dem Augenschein nach von jenen grauen Decken stammen könnten«, in die die Leichenteile eingewickelt waren. Die erwähnten hilfreichen Nachbarinnen sagten aus, daß Frau Rohrbach zwei graue Decken besessen habe, von denen jetzt keine mehr in der Wohnung auffindbar war (eine Decke fand sich an Hermanns Arbeitsstelle). Zwei blaue Deckenstücke mit grauem Karo, die sich ebenfalls in den Leichenpaketen befunden hatten, wurden von zwei Zeuginnen genauso dem Rohrbachschen Haushalt zugeordnet (was von Maria Rohrbach bestritten wurde).

Mit einem fingierten Suchaufruf versuchte die Polizei, Zeugen für den Abtransport der Leichenteile zu finden: »Am Donnerstagmorgen voriger Woche gegen 9 Uhr hat sich auf der Kerßenbrockstraße in Richtung Kanalstraße eine Frau mit einem Fahrrad bewegt, die eine bräunliche, etwa 45 mal 30 mal 15 cm bemessene Einkaufstasche bei sich hatte. Diese Tasche war derart gefüllt, daß ein an ihr befindlicher Reißverschluß nicht mehr zugezogen werden konnte. Diese Frau war mit einem bläulichen Mantel, auf Taille gearbeitet, bekleidet. Das Unterteil des Mantels war glockenförmig geschnitten. Wer hat diese Frau gesehen? (...) Die Beschreibung der Frau (...) ist folgende: Etwa 28 Jahre alt, schätzungsweise 1,64 m groß, schlank, zierliche Gestalt, krauses und dunkelblondes Haar, ovales Gesicht.« Man hätte auch fragen können: Wer hat Maria Rohrbach gesehen?

Am Dienstag, vier Tage nach dem Auffinden der ersten Leichenteile, wurde im Gelände des Aasees und des Aalaufs eine Suchaktion durchgeführt, die tatsächlich, aus einem toten Arm der Aa, ein Paket mit den beiden Beinen von Hermann Rohrbach zutage förderte. Niemand kam auf die Idee, daß dieses Paket zu einem Zeitpunkt, als sich Maria Rohrbach bereits in Haft befand, versenkt worden sein könnte. Die geringe Wachshautbildung, die dies durchaus nahelegte, wurde später mit einer chronischen Vergiftung des Anstreichers erklärt.

Der Kopf blieb verschwunden. Am Donnerstagvormittag begann man damit, den Aasee abzulassen. Diese Maßnahme wurde wieder gestoppt. Oberstaatsanwalt Middeldorf erklärte, daß das Ablassen wohl erwogen, nicht aber verfügt worden sei: »Daß tatsächlich schon mit dem Ablassen begonnen worden war, war lediglich eine Geste der Stadt, um uns zu helfen.«

Weiter berichtete der Oberstaatsanwalt, daß man das Bundeskriminalamt in Wiesbaden in die Ermittlungen eingeschaltet habe, da sich in den letzten Tagen »zwei recht starke Indizien« gegen Frau Rohrbach ergeben hätten. Näheres wollte Middeldorf nicht mitteilen. Die »Westfälischen Nachrichten« wußten jedoch: »Dem Vernehmen nach soll es sich bei den beiden starken Indizien einmal um stärkere Blutspuren handeln, die zwischen den Fußbodenrillen der Rohrbachschen Wohnung festgestellt wurden, zum anderen um eine Decke, in die die Leichteile eingewickelt waren und die aus der Wohnung Rohrbach stammen soll.«

* * *

Inzwischen war auch die Staatsanwaltschaft, beeindruckt durch die starken Gefühle der Kriminalbeamten und der Nachbarinnen, von der Schuld des Untersuchungshäftlings Maria Rohrbach überzeugt. Allerdings erkannte sie kühl, daß das Material für einen Indizienprozeß zu dünn war. Also bemühte sie zwei bewährte Gerichtsmediziner, den Dozenten Sachs und den Chef des Gerichtsmedizinischen Instituts der Universität Münster, Professor Ponsold. (Professor Ponsold sollte später als »Kälberstrick-Gutachter« in die Justizgeschichte eingehen: Er hatte per Ferndiagnose auf einem etwas unscharfen Foto erkannt, daß der Kraftfahrer Hetzel die von ihm mitgenommene Anhalterin mit einem Kälberstrick erdrosselt haben mußte. Erst 16 Jahre danach wurde Hetzel freigesprochen, weil andere Gutachter auf den gleichen Fotos keine Kälberstrick-Abdrücke erkennen konnten.)

Sachs und Ponsold gaben sich alle Mühe. Sie entdeckten in Rohrbachs Überresten Anzeichen für eine »leichte oder mittlere, möglicherweise auch tödliche Schlafmittelvergiftung«; 20 Milligramm Veronal (ein Schlafmittel) im Harn des Ermordeten sei »ungewöhnlich« viel und lasse darauf schließen, daß Rohrbach »Veronal in großer Menge eingenommen« habe; blutiger Schleim in der Luftröhre deute auf stumpfe Gewalt gegen den (noch nicht gefundenen) Kopf des Rohrbach hin; eine Blutspur hinter der Rohrbachschen Couch führten sie auf eine Körperblutung des Anstreichers und nicht – wie die Verdächtige behauptete – auf Nasenbluten zurück, da die für Nasenbluten typischen Schleimhautzellen fehlten.

Aufgrund dieser Gutachten war der Staatsanwaltschaft klar, daß Hermann Rohrbach zuerst mit Veronal vergiftet und dann, bereits in komaähnlicher Bewußtlosigkeit versunken, auf der Couch erschlagen worden war. Einziges Problem bei dieser Theorie war das völlige Fehlen irgendwelcher blutbefleckter Textilien oder sonstiger Spuren der Metzelei.

Der Kohleofen der kleinen Zweizimmer-Wohnung geriet ins Blickfeld der Ermittler. Und eine dritte Kapazität wurde hinzugezogen: der Leiter der kriminaltechnischen Abteilung des Bayerischen Landeskriminalamtes, Professor Specht.

Specht erhielt Rußproben von verschiedenen Stellen des Rohrbachschen Herdes und Ofenrohres, zusammen mit dem Auftrag, der Gattenmörderin auf die Spur zu kommen. Und Specht stellte tatsächlich – »flammenphotometrisch«, »spektral-analytisch« und »mit Hilfe von Ultraschallmessungen« – fest, daß

- Maria Rohrbach kurz vor ihrer Verhaftung den Herd übermäßig erhitzte, »wobei im Rauchabzugsrohr ein mindestens ein Meter langes Flammenband spiralförmig hochgeschlagen ist«;
- im Herd bei dieser Gelegenheit »tierische oder menschliche Körperanteile« verbrannt wurden;
- die verbrannten Körperanteile stark kochsalzhaltig waren, wie etwa die Gehirnflüssigkeit eines Menschen;
- gleichzeitig bei dieser Verbrennung Quecksilber und Silber frei wurden, wie sie in Amalgamplomben enthalten sind;
- zusätzlich »ein Sammelsurium« von Textilien, ein Kissen sowie eine Bürste oder Schrubber mitverbrannt wurden.

Specht hatte damit verdeutlicht, wo der fehlende Kopf und die blutbefleckten Textilien geblieben waren. Unaufgefordert, sozusagen als Zugabe, lieferte der Gutachter noch einen Giftmord-Versuch. Er hatte nämlich, in den verschiedenen Rußschichten unterschiedlich konzentriert, Thalliumsulfat (ein Gift) entdeckt. Specht folgerte, bei dem letzten großen Herdfeuer sei thalliumhaltiges Material »in erheblichem Umfang«, in den voraufgegangenen Monaten gelegentlich thalliumhaltiges Material »in geringer Menge« verbrannt worden.

Da Maria Rohrbach nicht erklären konnte, wie das Thalliumsulfat in ihren Ofen gelangt war, schickte man Professor Specht auch Proben des Rohrbach-Körpers.

Specht prüfte weiter und wußte schließlich, daß Hermann Rohrbach etwa ein Vierteljahr lang durch regelmäßige Zuführung kleiner Dosen von Thalliumsulfat »angegiftet« worden sei, bis ihm zuletzt, kurz vor seinem Tod, ein kräftiger Giftstoß verabfolgt wurde.

Specht vermutete, daß das Thalliumsulfat in dem Rattengift Celiopaste enthalten gewesen sei, das dem Ermordeten mit dem »Giftvehikel« Malvenblütentee eingeflößt wurde, wobei er allerdings nicht ausschloß, daß auch andere Giftvehikel benutzt worden sein könnten.

Auf die Celiopaste kam Specht übrigens, weil sie praktisch das einzige handelsübliche Gift war, das in ausreichender Menge Thalliumsulfat enthielt. Auf das »Giftvehikel« Malvenblütentee war der Gutachter deshalb angewiesen, weil der Hersteller die Celiopaste mit einer intensiven, tiefblauen Schutzfarbe ausgestattet hatte, um Mißbrauch zu vermeiden. Nur im ebenfalls tiefblau-violetten Malvenblütentee konnte die Celiopaste nicht auffallen. Außerdem hatte Specht-Mitarbeiter Hrabowski im Darminhalt des Toten einige »Sternhaare« entdeckt, wie sie auch »bei Malven vorkommen«.

Kleiner Schönheitsfehler dieser Giftmord-Theorie war die Tatsache, daß sich im Rohrbachschen Haushalt weder Celiopaste noch Malvenblütentee fanden. Auch konnte die Kriminalpolizei keinen Drogisten auftreiben, der Maria Rohrbach das (unterschriftspflichtige) Rattengift Celiopaste verkauft hatte.

Der Staatsanwaltschaft reichten die Gutachten jedoch aus, um Anklage zu erheben.

* * *

Im März 1958 begann vor dem Schwurgericht Münster der Prozeß gegen Maria Rohrbach. Neun Männer – drei Berufsrichter und sechs Geschworene – waren unter dem Vorsitz von Landgerichtsdirektor Dr. Heukamp gewillt, über die Angeklagte ein Urteil zu fällen.

In den »Westfälischen Nachrichten« schrieb Prozeßbeobachter Helmut Müller, der in den folgenden Wochen über den Verlauf berichten sollte: »Weinend und in sich zusammengesunken sitzt seit Donnerstagvormittag auf der Anklagebank des großen Schwurgerichtssaales im münsterischen Landgericht eine kleine, fast zierlich erscheinende Frau: die 28jährige Hausfrau Maria Rohrbach aus Münster. Nach einer Untersuchungshaft von 322 Tagen, von denen sie 250 Tage in Einzelhaft verbrachte, steht diese Frau unter der Anklage, eines der grausamsten Verbrechen der Nachkriegszeit begangen zu haben.«

Spezifiziert lautete die vom Vorsitzenden verlesene Anklage: »Maria Rohrbach (...) wird angeklagt, zu Münster in der Nacht vom 9. zum 10. April (das heißt: von Dienstag auf Mittwoch, J.K.) ihren Ehemann, den Anstreicher Hermann Rohrbach, aus niedrigen Beweggründen sowie heimtückisch getötet zu haben, indem sie ihrem schlaftrunkenen Ehemann durch Schläge mit einem schweren Gegenstand den Schädel zertrümmerte, die Leiche zerstückelte und in Decken verpackt in den Aasee und in die Aa warf, nachdem sie bis zu diesem Zeitpunkt durch monatelanges Beibringen von Thallium seinen Tod herbeizuführen bestrebt war.«

Für Helmut Müller lag »die eigentliche Spannung und wohl auch Dramatik dieses Prozesses« in dem Umstand begründet, »daß die Frau, die in einem grau-blauen Velourmantel auf der Anklagebank sitzt, auch heute noch dasselbe sagte, wie bei ihrer Verhaftung vor einem Jahr: 'Ich bin unschuldig.'«

»Hatten Sie an Ihrem Mann etwas auszusetzen?« fragte der Vorsitzende Heukamp.

»Nein, nein«, erwiderte die Angeklagte.

»Haben Sie in Ihrer Ehe Beziehungen zu anderen aufgenommen?«

»Nein, nein – bis auf Roo.«

»Haben Sie sich mit Ihrer Freundin über das Vergiften und Zerstückeln Ihres Mannes unterhalten?«

Die Angeklagte bestritt dies.

»Was ist denn gesprochen worden?«

Maria Rohrbach wollte schon mal »solche Wut« gehabt haben, daß sie Hermann hätte vergiften können. »Aber man überlegt sich das doch anders.« In dem Gespräch habe die Freundin ihr angeboten, »mal E 605 mitzubringen«. »Ja, tu das«, habe sie erwidert. Die Freundin habe gesagt, mit Schlaftabletten ginge es aber besser. Dann schliefe er ein, am nächsten Tage käme der Arzt und stelle den Tod durch Herzschlag fest.

Der zweite Prozeßtag fand als Ortstermin in der Kerßenbrockstraße statt, wo das Schwurgericht die Rohrbachsche Dachgeschoßwohnung in Augenschein nahm. »Kreidekreise und Schriftzeichen an der Tapete weisen neben manchen anderen Zeichen noch heute darauf hin, daß die Wohnung mit aller Genauigkeit und unter Zuhilfenahme modernster kriminaltechnischer Methoden monatelang nach Spuren untersucht worden ist«, berichtete Helmut Müller. Und auch die Angeklagte, die sonst »mit leiser Stimme und oftmals ausweichend« antwortete, zeigte sich aufgeräumt: »Das Wiedersehen mit der kleinen, aber sehr sauberen und ordentlichen Wohnung schien ihr die Zunge zu lösen.«

Wieder im Gerichtssaal, versuchte der Vorsitzende den Ablauf der entscheidenden Tage aufzuklären. So fragte er die Angeklagte, wer Marias Sohn Norbert am Mittwoch, den 10. April, zum Kindergarten gebracht habe.

Die Angeklagte wußte es nicht. »Wenn das bedeutungsvolle Tage für mich gewesen wären, dann wüßte ich das heute wohl noch.«

»Waren die Tage, in denen Ihr Mann umgekommen ist, etwa keine bedeutungsvollen Tage für Sie?« fragte der Vorsitzende.

»Nein, wieso denn – ich habe das ja gar nicht gewußt.«

Der Vorsitzende wollte wissen, wie und wo ihr Mann ums Leben gekommen sein könnte.

Die Angeklagte hatte keine Antwort. »Wenn ich bei der Polizei mal was sagte, hieß es immer: Sie lügen! Nur in Ihrer Wohnung ist es passiert, und nur Sie sind es gewesen.«

Der Vorsitzende hielt ihr vor, daß sie bei der Polizei gesagt habe, es mache ihr nichts aus, daß ihr Mann nicht mehr am Leben sei.

»Ich habe manchesmal was unüberlegt gesagt.«

Am Donnerstagmorgen (dem Tag, an dem nach Maria Rohrbachs Angaben Hermann zu Schwarzarbeiten weggegangen war) war die Angeklagte gesehen worden, wie sie mit einer Einkaufstasche die Wohnung verließ und mit dem Fahrrad wegfuhr.

»Was war in der Tasche?« fragte der Vorsitzende.

»Zwei Bettücher, ein Rock, eine Jacke, ein Kleid, zwei Kittelschürzen und ein paar Kleinigkeiten.« Unterwegs sei ihr eingefallen, daß die Schneiderin, zu der sie fahren wollte, gar nicht zu Hause war. »Ich habe mir daraufhin Geschäfte beguckt, in einem Café Kuchen gegessen und war um 12 Uhr zurück. Nachmittags kam eine Bekannte zu Besuch.«

Am Freitag habe sie einen Frühjahrsputz in der Wohnung gemacht, vor allen Dingen in der Küche habe sie aufgeräumt und geputzt.

Der Vorsitzende hielt ihr vor, daß Hermann die Küche zu Ostern, also eine Woche nach dem Putzen, »neu machen« wollte.

Am Donnerstag, den 11. April, hatte die Firma, bei der Hermann Rohrbach arbeitete, eine Karte geschrieben, warum er nicht mehr zur Arbeit komme. (Hermann Rohrbach war bereits am Mittwoch nicht mehr an seiner Arbeitsstelle erschienen.) Mit dieser Karte war die Angeklagte am Samstag, den 13. April, zu der Firma gegangen, um, wie sie sagte, »zu gukken, ob mein Mann nun da war«. Sie hatte 50 DM als Abschlag vom Wochenlohn ihres Mannes erhalten und dabei geweint.

»Warum?« wollte der Vorsitzende wissen.

Die Angeklagte konnte sich nicht daran erinnern.

Anschließend war sie zum Zahnarzt gegangen und auf der Salzstraße an dem Schaukasten vorbeigekommen, in dem die Kleidungsstücke des im Aasee Aufgefundenen ausgestellt waren. »Ich hab' ihn nicht gesehen.«

Um 12 Uhr war sie wieder zu Hause, ging in den Keller, um Briketts zu holen, »und da kam die Kriminalpolizei«.

»Wie haben Sie reagiert?« fragte der Vorsitzende.

»Ich kriegte das im ersten Moment gar nicht mit, und dann mußte ich weinen. Das muß man mal mitgemacht haben, um das zu überstehen«, antwortete die Angeklagte.

Der Vorsitzende wendete sich den »Anklage-Indizien« zu. »Wie erklären Sie sich, daß Ihr Mann sein Anstreicherwerkzeug nicht mit zur Schwarzarbeit genommen hat?«

Möglicherweise habe ein Arbeitskamerad ihres Mannes Werkzeug gehabt.

»Wie erklärt sich, daß die Uhr Ihres Mannes in der Wohnung gefunden wurde?«

»Die hat er oft liegen gelassen, weil sie bei der Arbeit beschmutzt wurde.«

Und die Brieftasche?

»Die hat mein Mann zur Arbeit nie mitgenommen.«

Der Trauring?

»Den hat mein Mann seit Karneval nicht mehr getragen.«

Der Vorsitzende kam auf zwei grüne Wollhandschuhe der Angeklagten zu sprechen. »Was sagen Sie dazu, wenn ein Wollfaden dieses grünen Handschuhes an der Kordel gefunden wurde, mit der das Paket umschnürt war, in dem sich Leichenteile Ihres Mannes befanden?«

Die Angeklagte antwortete, sie habe schon mal mit den Handschuhen ein Paket getragen, die Kordel dann in eine Schachtel geworfen. »Vielleicht hat mein Mann daraus den Bindfaden mitgenommen.«

»Und praktisch den Bindfaden seinem Mörder ausgeliefert?«

»Muß wohl so sein.«

An einem dieser Handschuhe wurden außerdem Blutspuren gefunden.

Die Angeklagte erklärte, diese könnten durch Blut beim Fleischeinkauf entstanden sein.

Jetzt trat ein Gerichtswachtmeister vor den Richtertisch und breitete eine große, aneinandergenähte Wolldecke aus. In dieser Decke waren die Leichtenteile verpackt.

Die Angeklagte schaute sich die Decke an und sagte: »Nein – die habe ich nie gesehen.«

Nach einem Sachverständigengutachten stimmten die 25 Sprungrahmenfedern einer Bettstelle von Maria Rohrbachs Mutter mit den Druckstellen auf der Decke überein.

»Ich habe das gesehen und frage: Hat denn nur meine Mutter einen Bettrahmen mit 25 Federn?«

Die Leichteile waren abgedeckt mit Deckenteilchen, über die Zeugen aussagten, sie im Kindersattel des Fahrrades gesehen zu haben.

Die Angeklagte: »Herr Vorsitzender, das stimmt nicht.«

Eine Zeugin wollte das Deckchen noch am 9. April gesehen haben.

Die Angeklagte: »Das ist eine Lüge.« Das Deckchen aus dem Kindersattel sei um ein Zuleitungsrohr der Waschmaschine gewickelt worden. Noch beim Ortstermin in der Wohnung habe sie das Deckchen an der Waschmaschine gesehen.

Der Vorsitzende: »Warum kommen Sie erst heute mit diesem Einwand? Warum haben Sie denn beim Ortstermin, als Sie das Deckchen an der Waschmaschine sahen, Ihrem Verteidiger einen Rippenstoß gegeben? Frau Rohrbach, ich muß schon sagen, Sie haben sich bisher glänzend verteidigt.« (Womit er natürlich das Gegenteil meinte, nämlich daß er nicht darauf hereinfallen werde, ein entlastendes Indiz tatsächlich zugunsten der Angeklagten zu werten.)

Im Urin der Leiche waren Reste von Schlaftabletten gefunden worden. »Wie erklären Sie sich das?«

»Ich weiß das nicht, er hat ja schon mal welche zu sich genommen. Von mir hat er keine bekommen.«

Ein anderes »Anklage-Indiz« war ein medizinisches Buch mit dem Titel »Der menschliche Körper und seine Leistungen«.

Die Angeklagte wollte es vor langer Zeit von einer Freundin bekommen haben, als diese sich einen Absatz aus dem Buch nicht erklären konnte.

Schließlich fragte der Vorsitzende, wie sich die Angeklagte die kräftigen Blutspuren unter den Fußbodenleisten und Fußbodenbrettern erkläre.

»Mein Mann hatte Nasenbluten, und wenn es sehr viel Blut war, dann kann es nur von mir herrühren. Ich hatte eine Fehlgeburt.«

Am späten Abend antwortete die Angeklagte auf die Frage, ob sie der Verhandlung noch folgen könne: »Ach, ich gehe jetzt lieber nach Hause.«

* * *

»Ist Maria Rohrbach wirklich ein primitiver Mensch, dem man nur wenig Intelligenz bescheinigen kann? Oder ist die kleine Frau mit dem manchmal direkt naiv wirkenden Gehabe ein Musterbeispiel an Phantasie und Raffinesse?« fragte Helmut Müller in den »Westfälischen Nachrichten«, um sich gleich selbst die Antwort zu geben: »Die Frau mit der manchmal munter drauflosredenden kindlichen Art kann plötzlich auch wie verwandelt sein: Verstockt, abwartend und ganz geschickt die Tatsache ausnutzend, daß es eben keine Tatzeugen gibt und ihre persönlichen Einlassungen gravierend sind.«

Der Prozeß war in das Stadium der »Charakter-Zeugen« eingetreten.

Da gab es etwa den Zeugen, der bei der Polizei für Frau Rohrbach »höchst peinliche Dinge« aktenkundig gemacht hatte. Als er dies vor Gericht wiederholen sollte, stellte sich heraus, daß er nichts Genaues wußte und die Sache »womöglich mit einem anderen Fall verwechselt« hatte.

Wie sehr sich die Voreingenommenheit gegenüber Maria Rohrbach im Gerichtssaal (und wohl in der gesamten Stadt) verfestigt hatte, macht der dazu abgegebene (man könnte sagen: naiv drauflosgeschriebene) Kommentar Helmut Müllers deutlich: »Daß es so gewesen sein könnte, bezweifelt vermutlich niemand.«

Die Zeugin, die der Polizei erzählt hatte, daß Maria Rohrbach ihren Mann »oft geschlagen und einmal mit einem heißen Bügeleisen das Gesäß verbrannt hat«, wußte es vor Gericht plötzlich »wirklich nicht mehr«. Sie habe damals im Garten gestanden, das Fenster der Rohrbach-Wohnung sei offen gewesen, Frau Rohbach habe offensichtlich gebügelt, und dann habe ihr Mann plötzlich laut aufgeschrien. »Sie muß ihn wohl irgendwie verbrannt haben.«

Eine andere Zeugin, die bei der Polizei angeblich ausgesagt hatte, Frau Rohrbach habe brutal auf ihren Mann eingeschlagen, sagte: »Ich habe nie bei der Polizei gesagt, daß Frau Rohrbach brutal auf ihren Mann eingeschlagen hat.«

Ein vierter Zeuge, der offensichtlich ahnte, daß er die Erwartungen des Gerichts enttäuschte, antwortete auf die Frage, was er über Maria Rohrbach wisse: »Ich kann nichts Schlechtes darüber aussagen.«

Geradezu ergiebig war da schon die Aussage der Schwester Josephine, die über ihre Begegnung mit Maria Rohrbach am Freitagmorgen (dem Tag des Leichenfundes), als die Angeklagte ihren Sohn Norbert im Kindergarten ablieferte, berichtete: »Ich konnte mich eines unangenehmen Gefühls nicht erwehren. Die Angeklagte schien mir übernächtigt und ungepflegt, wie ich sie sonst nicht kannte.«

Ausführlich ging das Gericht auf die zum Teil widersprüchlichen Aussagen der Angeklagten bei der Polizei ein.

Nach ihren Worten habe sie »seelisch so unter Druck gestanden«, daß sie irgendetwas erzählt habe, »damit die zufrieden waren«. Und: »Die haben mich fertig gemacht nach allen Regeln. Wenn ich das so wiedergeben würde, was mir bei der Polizei passiert ist, und das wäre im Kino, dann würde das Publikum geschlossen mit mir auf die Polizei gehen.«

Oberkommissar Jochum und seine Kollegen Heitmann und Wils sahen das natürlich anders: »Frau Rohrbach ist bei der Polizei vornehm und anständig behandelt worden. Jeder Wunsch ist ihr erfüllt worden.« Man habe darauf geachtet, daß die Beschuldigte ihren Tee oder auch sonstige Stärkungen erhielt. Bemerkungen wie die mit dem Hering, der möglicherweise an Hermann geknabbert habe, entschuldigte Prozeßbeobachter Helmut Müller als »eine Art westfälischer Grobschlächtigkeit«.

* * *

Hatten die Aussagen der »Charakter-Zeugen« und die Konfrontation der Angeklagten mit den »Anklage-Indizien« nichts erbracht, so wurde nun der Auftritt des Gutachters Professor Dr. Walter Specht zum erhofften »Wendepunkt im Rohrbach-Prozeß«.

Prozeßbeobachter Helmut Müller geriet geradezu ins Schwärmen: »Wer immer auch der Mörder Hermann Rohrbachs ist, er vergaß bei aller scheinbaren Perfektion eines: er vergaß, das Ofenrohr des Küchenherdes der Rohrbach-Wohnung zu säubern. Was aus diesem Ofenrohr in einer beispielhaften kriminalwissenschaftlichen und -technischen Untersuchung in monatelanger Arbeit herausgeholt wurde, erweist sich nunmehr als das Fundament der Anklage.«

Am Ende seiner dreistündigen Ausführungen kam Professor Specht zu der Schlußfolgerung: »Die Ergebnisse sind geeignet, den dringenden Verdacht zu rechtfertigen, daß im Küchenherd der Rohrbach-Wohnung zumindest versucht worden ist, den Schädel Hermann Rohrbachs zu verbrennen.«

Und das Gutachten zeigte, wie Helmut Müller meinte, bei der Angeklagten Wirkung: »Zum ersten Mal seit Beginn des Prozesses wirkte die Angeklagte auffallend deprimiert. Bleich und zusammengesunken hörte sie den Ausführungen zu. Wiederholt wischte sie sich den Schweiß von der Stirn.«

Professor Specht hatte nicht nur den Ofen und das Ofenrohr untersucht. An der Couchdecke aus der Rohrbachschen Wohnung entdeckte er, daß sie »mit Früchterot partiell stark eingefärbt« und vorher »mit starken Reinigungsmitteln bearbeitet« worden sei. Und unter den Fingernägeln des Toten fand er 48 Textilfasern. Dieser Befund ließe den Schluß zu, »daß Rohrbachs Finger zu Lebzeiten mit Textilien in engem Kontakt gestanden haben. Er muß krampfhaft in irgendwelche Textilien gegriffen haben. Dieser Kontakt muß auch noch nach dem Tode bestanden haben.«

Besonders eindrucksvoll war seine Demonstration, wie die Zuführung von Thallium bei Hermann Rohrbach erfolgt sein könnte. In der linken Hand hielt er ein Glas Malvenblütentee, in der rechten ein zweites Glas. »In welchem ist zusätzlich die thalliumreiche Celiopaste?« fragte er.

So sehr sich auch Richter und Prozeßbeteiligte bemühten, sie vermochten es nicht festzustellen.

Specht: »Der Malvenbefund im Magen und Darm Rohrbachs läßt den Schluß zu, daß er reichlich Malvenblütentee getrunken hat. Es gibt aber kein besseres Giftvehikel für Celiopaste als gerade Malvenblütentee.«

Und Professor Dr. Sachs assistierte: »Ich bin überzeugt, daß bei Hermann Rohrbach mit sehr hoher Wahrscheinlichkeit innerhalb der nächsten vier Wochen der Tod durch Thallium-Vergiftung eingetreten wäre, wenn nicht eine radikalere Todesursache mit der Vergiftung konkurrierend gewesen wäre. Bei Hermann Rohrbach hat sich die häufige Verhaltensweise von Giftmördern bestätigt: der Täter verliert zum Schluß die Geduld und greift zu radikaleren Mitteln.«

Professor Ponsold: »Die Textilfasern unter den Fingernägeln des Toten lassen sich vielleicht damit erklären, daß ein Schwervergifteter auf Grund starker Schmerzen in die Couch gegriffen hat.« »Der Täter« sei durch die geschilderte, nichterwartete Bewußtlosigkeit überrascht worden und habe plötzlich vor der Alternative gestanden, den Arzt zu rufen oder Rohrbach sterben zu lassen. Mit Sicherheit wäre dann aber in beiden Fällen eine Vergiftung festgestellt worden.

Als »spannungsreichsten und erregendsten Tag« im Rohrbach-Prozeß empfand Helmut Müller den Vortrag eines neuen Gutachtens von Professor Dr. Specht. Specht hatte eine letzte Lücke geschlossen und die Blutspuren unter den Dielen auf Thallium untersucht. Das Ergebnis war »frappant« und die »Überraschung komplett«: »Wir können mit Sicherheit sagen, daß die Blutspuren von einem Thallium-Vergifteten stammen, bei dem es sich auf Grund anderer festgestellter Spurenelemente, unter anderem Titan, Barium, Kobalt, Zink, Nickel, Blei, um einen Maler oder Anstreicher handelt, weil dieser in seinem Beruf mit diesen Elementen, die in Farben und Lacken enthalten sind, in Berührung kommt.«

Allerdings gab es auch ein Gutachten, das nicht in den allgemeinen Tenor paßte. Der Münsteraner Professor für Botanik, Eduard Schratz (»Leider bekam ich nur einen kümmerlichen Dickdarmrest«), warnte, daß der angenommene Todeszeitpunkt (in der Nacht von Dienstag auf Mittwoch) nicht richtig sein könne. Hermann Rohrbach hatte am Dienstag Linsen gegessen, und obwohl sich Linsen 24 Stunden im Verdauungsorgan halten, konnte Professor Schratz keine einzige Linse feststellen. Stattdessen aber Spuren von Trüffeln, die für den Rohrbachschen Haushalt sehr ungewöhnlich gewesen wären. Schratz: »Er muß später auswärts nochmals gegessen haben.«

* * *

Staatsanwalt Rosendahl rollte in seinem vierstündigen Plädoyer noch einem alle Verdachtsmomente gegen Maria Rohrbach auf, angefangen mit ihren widersprüchlichen Aussagen bei der Polizei, die Schwarzarbeit ihres Mannes betreffend. »Die Angeklagte behauptet, nicht zu wissen, wo ihr Mann an den drei fraglichen Tagen gearbeitet hat. Aber Zeugen können bekunden, daß sie allein schon des Geldes wegen immer unterrichtet war, wo ihr Mann arbeitete.«

Dann ging er auf das Vorleben der Angeklagten ein, das durch zwei Eigenschaften gekennzeichnet sei: ihre Lügenhaftigkeit und ihre Triebhaftigkeit. »Durch das Leben der Angeklagten zieht sich wie ein roter Faden ihre Lügenhaftigkeit.«

Hermann Rohrbach sei ein geistig unbeweglicher Mann gewesen, der möglicherweise durch die Treulosigkeit seiner Frau abgestumpft war. »Vielleicht war dieser Mann für die triebhafte, egozentrische Frau ein lästiges Anhängsel.«

Seine Ausführungen zu den Anklage-Indizien würzte Rosendahl mit alltäglichen Erfahrungen, etwa als er auf den Blutfleck am grünen Wollhandschuh der Frau Rohrbach zu sprechen kam: »Außerdem habe ich noch nie eine Frau gesehen, die Fleisch mit Wollhandschuhen angefaßt hat.«

Und weil es keine direkten Beweise dafür gab, wie und wo der Ermordete in fünf Teile zerlegt worden war, agierte der Staatsanwalt nach dem Grundsatz »Im Zweifel gegen die Angeklagte«. So könne man die vom Bundeskriminalamt eingehend untersuchte Bogensäge als Tatwerkzeug nicht eindeutig unterbringen. »Aber der Verdacht, daß mit dieser Säge irgendetwas geschehen ist, ist nicht auszuräumen.«

Dankbar stützte sich der Anklagevertreter sodann auf die Gutachten, insbesondere auf das von Professor Specht: »An einer chronischen Thalliumvergiftung ist nach dem Gutachten wohl kein Zweifel mehr.«

In bemerkenswerter Offenheit formulierte Rosendahl am Ende seines Plädoyers: »Wir wissen über die Art des Tathergangs nichts, aber sie läßt sich doch rekonstruieren.« »Rein wesensmäßig« sei die Angeklagte auf Grund ihrer zerrütteten Lebensverhältnisse und ihres Vorlebens einer derartigen Tat fähig. Niemand anderes habe ein Interesse an der Beseitigung Hermann Rohrbachs haben können. »Für die Angeklagte aber war das Leben an der Seite dieses einfachen, zurückhaltenden Mannes so leer geworden, daß sie auf Grund ihrer Triebhaftigkeit keinen anderen Ausweg fand, als den lange vorher ausgebrüteten Plan auszuführen.«

Staatsanwalt Rosendahl beantragte als Strafe: lebenslanges Zuchthaus und Aberkennung der bürgerlichen Ehrenrechte auf Lebenszeit.

Maria Rohrbach brach nach dem Antrag des Staatsanwalts in heftiges Weinen aus und zeigte sich beim Verlassen des Gerichtssaales stark erregt. Anschließend erlitt sie einen Zusammenbruch und weigerte sich, den Saal wieder zu betreten.

Der Verteidiger von Maria Rohrbach, Dr. Fritz Gross, sprach in seinem Plädoyer davon, daß es sich bei den von der Staatsanwaltschaft gegen die Angeklagte zusammengetragenen Indizien weniger um Tatsachen als vielmehr um Vermutungen, Wahrscheinlichkeitstheorien und Unterstellungen handle. Er beantragte einen Freispruch für die Angeklagte.

* * *

Am 18. April 1958 sprach das Schwurgericht Münster das Urteil. Wie nicht anders zu erwarten, wurde Maria Rohrbach zu lebenslangem Zuchthaus verurteilt.

Landgerichtsdirektor Dr. Heukamp erläuterte in seiner Urteilsbegründung: »Zwar bestreitet die Angeklagte den Sachverhalt, sie ist indessen nach dem Ergebnis der Hauptverhandlung überführt, ihren Mann allein getötet und die Leiche zerstückelt und beseitigt zu haben.« Diese Überzeugung des Schwurgerichts basiert auf folgenden Tatsachen: »Ein anderer Kreis scheidet für die Täterschaft aus. Nur die Angeklagte hat die Behauptung aufgestellt, der Täter müsse in den Kreisen von Andersveranlagten zu finden sein. Das aber ist nur als Schutzbehauptung zu werten. Dagegen deuten die Indizien in einer so großen Menge, wie sie selten bei einem Indizien-Prozeß auftreten, allein auf die Angeklagte als Täterin hin. Von ihr gingen die Streitigkeiten und Gewalttätigkeiten aus, sie trug die Schuld an den zerrütteten Eheverhältnissen. Das Verhalten der Angeklagten bei ihrer Festnahme war nicht das einer Ehefrau, die um ihren Mann trauerte.«

Heukamp betonte in seinem Resümee, die Angeklagte sei »nervlich, psychisch und physisch der Tat gewachsen« gewesen. Und der Landgerichtsdirektor zeigte sich als Frauenkenner: »Die Art der Tötung, besonders die Zerstückelung und die primitive Art der Ablegung der Leichenteile ist für eine Frau charakteristisch.«

* * *

Rechtsanwalt Gross legte gegen das Urteil Revision ein. Der Bundesgerichtshof in Karlsruhe verwarf die Revision.

* * *

Ende September 1959, nach einem trockenen Sommer, unternahm der im Ruhestand lebende Eisenbahner Karl P. über den »Grönen Wegg« (eine Fußgängerverbindung, die hinter der Umgehungsstraße zum Pleistermühlenweg abzweigt) einen Spaziergang. Bei dieser Gelegenheit kam er an einem zwischen Buschrand und Weide gelegenen, mit Wasser gefüllten Bombentrichter vorbei, in den er hineinschaute. Durch die Trockenheit war der Wasserspiegel um etwa anderthalb Meter abgesunken. P. entdeckte einen Schädel. Er benachrichtigte die Polizei.

Die kurze Zeit später am Fundort erschienene Mordkommission stellte fest, daß es sich um einen menschlichen Kopf handelte, der zum Teil noch behaart war.

In dem daraufhin ausgepumpten Bombentrichter fanden die Polizisten auch eine Geldbörse, Stoffreste und Haare.

Einen Tag später stand fest, daß man den (gar nicht verbrannten) Kopf von Hermann Rohrbach gefunden hatte.

Der Oberstaatsanwalt in Münster erklärte, daß durch den Schädelfund die Urteilsfeststellungen in der Mordsache Rohrbach nicht in Frage gestellt würden. In dem Urteil habe es geheißen, daß die Angeklagte den Kopf oder Teile des Kopfes ihres Mannes »dem Feuer genähert« habe, um den Kopf unkenntlich zu machen. Das Urteil habe nicht festgestellt, daß Frau Rohrbach den Kopf verbrannt habe. In den Urteilsgründen sei vielmehr ausgeführt worden, daß die Angeklagte den Kopf fortgeschafft und verborgen habe.

* * *

Am 15. August 1960 beantragte Rechtsanwalt Gross die Wiederaufnahme des Verfahrens gegen Maria Rohrbach.

Die Strafprozeßordnung legte (und legt) einem Wiederaufnahmeantrag einen schweren Stein in den Weg: »Über die Zulassung des Antrags auf Wiederaufnahme des Verfahrens entscheidet das Gericht, dessen Urteil mit dem Antrag angefochten wird.« Und traditionell werden die Begriffe »neue Tatsachen oder Beweise« sehr restriktiv ausgelegt. Strafprozeßordnung, Viertes Buch: »Die Beständigkeit des Abschlusses eines Verfahrens ist ein Erfordernis der Rechtsstaatlichkeit, selbst auf die Gefahr der Unrichtigkeit der Entscheidung.«

Auf 99 Seiten führte Gross alle Widersprüche auf, die in dem 144-Seiten-Urteil enthalten waren. Durch Stellungnahmen mehrerer Wissenschaftler belegte Gross, daß jeder Ruß thalliumhaltig ist und daß im Körper jedes Menschen Thallium-Spuren nachweisbar sind.

Staatsanwalt Rosendahl benötigte nur 22 Seiten, um seinen Gegenantrag zu begründen, »den Wiederaufnahmeantrag als unzulässig zu verwerfen«. Rosendahl hielt die wissenschaftlichen Fähigkeiten des Professors Specht für nach wie vor unangetastet: »Zunächst muß festgehalten werden, daß der frühere Sachverständige Professor Dr. Specht auf dem Gebiete der naturwissenschaftlichen Kriminalistik seit langer Zeit als der Fachmann anzusehen ist, dem auf seinem weitgreifenden Fachgebiet Forschungsmöglichkeiten und Erkenntnisquellen in einem Ausmaße zur Verfügung stehen, die sicher nicht hinter denen der jetzt als Gutachter benannten Wissenschaftler zurückstehen, sie wahrscheinlich übertreffen.«

Gross antwortete am 31. Oktober, indem er die Analysen von über 100 Rußproben aus münsterschen Häusern, aus Lokomotiven, aus dem Landgericht Münster und sogar aus dem Kamin des Professors Specht vorlegte: Alle enthielten Thallium, zum Teil sogar ein Mehrfaches dessen, was Specht im Rohrbach-Herd gefunden hatte.

Staatsanwalt Rosendahl: »Es ist in keinem Fall dargetan, daß die Feststellungen des Urteils durch die neuen Gutachten erschüttert worden sind.«

Am 26. Januar 1961 setzte Gross einen neuen Schriftsatz auf. Darin zitierte er einen Experten, der sich tatsächlich mit der Ablagerung von Thallium im menschlichen Körper befaßt und festgestellt hatte, daß sich Thallium, genau wie andere Metalle, »immer nur an einer Stelle im Organ ablagert und man zu völlig falschen Ergebnissen kommt, wenn man von einem Befund an einer Stelle auf den Gesamtgehalt eines Organs (...) Rückschlüsse ziehen würde«.

Jetzt gab die Strafkammer II des Landgerichts Münster dem Antrag auf Wiederaufnahme statt. Die Staatsanwaltschaft legte Beschwerde ein, zog sie aber nach einiger Zeit wieder zurück. Der Prozeß wurde auf den 3. Mai 1961 anberaumt.

* * *

Beim zweiten Rohrbach-Prozeß nahm eine ganze Reihe von Wissenschaftlern auf der Gutachterbank Platz. Und die Erkenntnisse der Erstgutachter Professor Specht, Professor Sachs und Professor Ponsold lösten sich in Luft auf.

Regierungskriminalrat Dr. Leszczynski vom Bundeskriminalamt: »Der Thalliumgehalt aus dem Ofen des Hauses Rohrbach ist als durchaus normal anzusehen.«

Professor Dr. Geilmann, Universität Mainz, Institut für anorganische und analytische Chemie: »In jedem Ofenruß läßt sich das ganze periodische System nachweisen. An für eine Abscheidung günstigen Stellen schlägt sich der größte Teil des Thalliums mit anderen, bei der jeweiligen Verbrennungstemperatur flüchtigen Metallen wie Blei, Zink, Silber, Quecksilber, Germanium und so weiter nieder. An solchen Stellen kann im Laufe der Zeit eine so erhebliche Anreicherung erfolgen, daß der Nachweis nach den üblichen spektrographischen Methoden möglich wird.«

Professor Dr. Kaiser, Dortmund: »Elemente wie Eisen, Titan und so weiter ergeben im Spektrum alle die gleiche grüne Strahlung wie Thallium.«

Auch Professor Jan van Calker, Ordinarius für Physik in Münster, vermutete, daß Specht, um zu seinem hohen Thalliumgehalt im frischen Ruß zu kommen, »offenbar den Eisenwert in seiner Untersuchung mitgemessen« habe. »Das würde erklären, weshalb bei ihm der Thalliumgehalt hundertmal höher war als normalerweise.«

Professor Dr. Specht: »Die damalige Untersuchung ist nicht von mir durchgeführt worden. Es waren verschiedene Mitarbeiter tätig. Herr Katte und ich konnten ja nicht im entferntesten annehmen, daß Thallium ein natürlicher Bestandteil der Kohle sei.«

Diplomchemiker Katte, der für seinen Chef Specht die »flammenphotometrischen Messungen« vorgenommen hatte:

»Es war meine erste Untersuchung, aber einmal muß man ja anfangen.«

Professor Dr. Kaiser: »Die im Ruß festgestellten Kochsalzmengen sind normal. Man sollte doch darauf hinweisen, daß Kochsalz ein in der Küche nicht gerade in kleinen Mengen verwendetes Gewürz ist.«

Professor Dr. Kraut, Max-Planck-Institut für Ernährungsphysiologie in Dortmund: »Die Befunde sind in keiner Weise beweiskräftig dafür, daß im Herd menschliche Substanzen verbrannt wurden. Fett, Kochsalz, Phosphat und Spuren von Aminosäuren können ebensogut der Verbrennung von Speiseresten, insbesondere von Fleisch- und Fettabfällen entstammen.«

Professor Dr. Specht: »Ich habe damals auch lediglich behauptet, daß ein mit Thallium verunreinigtes Medium im Ofen verbrannt worden sein muß. Ich bin überrascht, daß seitdem immer wieder behauptet worden ist, ich hätte festgestellt, der Kopf sei verbrannt worden. Ich bin nicht geneigt, diese öffentliche Diffamierung hinzunehmen.«

Professor Dr. Schratz, Universität Münster, Botanisches Institut: »Ich habe die für einen Malvennachweis typischen Charakteristika, die so prägnant sind, daß ich sie gar nicht hätte übersehen können, nie gefunden und bezweifle daher, daß sie in München gefunden worden sind. Von Malvenblüten zu sprechen, ohne ein einziges, unbedingt nachweisbares Pollenkorn gesehen zu haben, läßt nur auf völlige Unkenntnis in pharmakognostischer Begutachtung oder aber auf eine verantwortungslose kriminalistische Voreingenommenheit des Gutachters schließen.«

Schratz fragte Specht im Gerichtssaal, wie er auf Malvenblütentee gekommen sei, wo doch ein einziger Teelöffel Malvenblütentee 300.000 Pollenkörner enthalte.

Specht: »Wir haben einen Versuch gemacht. Wenn man den Tee durch ein Seidentuch filtert, dann bleiben die Pollenkörner hängen.«

Schratz: »Wie sind denn die Sternhaare durchgerutscht, die doch, wie Sie, verehrter Herr Kollege, ohne Zweifel wissen, mehrfach größer sind?«

Specht: »Ich habe niemals behauptet, daß Malvenblütentee als Giftvehikel benutzt worden sei, sondern lediglich von einer gewissen Möglichkeit gesprochen, da es mit sehr wesentlich erschien, daß mein damaliger Mitarbeiter Dr. Hrabowski im Darminhalt des toten Hermann Rohrbach Malvenblütentee festgestellt hat.«

Dr. Hrabowski von der Bayerischen Landesanstalt für Pflanzenbau und Pflanzenschutz: »Ich muß hier betonen, daß ich schon damals die Malven nicht als wesentlichen Bestandteil des Magens bezeichnet habe. Es könnte durchaus möglich sein, daß diese relativ geringen Malvenspuren durch Einatmen oder auf andere ungeklärte Weise in den Magen gelangt sind.«

Dr. Schreiber vom Bundeskriminalamt: »Es ist der Wissenschaft bekannt, daß Thallium allgegenwärtig ist. Aus langjähriger Berufserfahrung schließe ich eine chronische oder akute Thalliumvergiftung Hermann Rohrbachs nach dem chemisch-toxikologischen Befund aus. Die seinerzeit im Landeskriminalamt München errechnete Menge Thalliumsulfat im Körper Hermann Rohrbachs würde den Gegenwert von etwa zweieinhalb Tuben Celiopaste ergeben. Es muß als ein medizinisches Wunder bezeichnet werden, daß Hermann Rohrbach mit zweieinhalb Tuben Celiopaste im Körper, die eine für den Menschen mehrfach tödliche Dosis Thalliumsulfat enthalten hätte, noch gelebt haben soll.« Schon nach der ersten Tube nämlich (während er laut Specht von seiner Ehefrau noch systematisch »angegiftet« wurde), hätte Rohrbach längst »total tot«

sein müssen. Auch sei erstaunlich, daß Rohrbach nicht die – in jedem toxikologischen Lehrbuch nachlesbaren – Symptome einer Thalliumvergiftung aufgewiesen habe: etwa totalen Haarausfall.

Professor Dr. Specht: »Auf so kuriose Ideen kommen wir als Toxikologen nicht.«

Professor Dr. Eckel, Universität Münster, Hals-Nasen-Ohren-Klinik: »Größere Blutlachen auf dem Boden können ohne weiteres auf ein Nasenbluten zurückgeführt werden. Der Befund von Zellen der Nasenschleimhaut in Blutspuren, die von Nasenbluten herrühren, ist dagegen ungewöhnlich und läßt sich in achtzig Prozent der Fälle nicht nachweisen.«

Professor Dr. Sachs: »Das mit den Schleimhautzellen habe in in der Form, wie es in das Urteil gekommen ist, niemals gesagt.«

Professor Dr. Ponsold revidierte sein erstes Gutachten, in dem er festgestellt hatte, daß Rohrbach »Veronal in großen Mengen« eingenommen habe. Im zweiten Prozeß sagte er, der Veronalbefund im Urin des toten Hermann Rohrbach sei »so gering, daß eine Schlafmittelvergiftung verneint werden muß; es handelt sich um eine nicht ins Gewicht fallende Menge«.

Der Vorsitzende Richter, Landgerichtsdirektor Dr. Kösters, wollte wissen, wie sich Ponsold den Gegensatz seiner heutigen Aussage zu dem entsprechenden Passus seines damaligen Gutachtens erkläre.

»Herr Vorsitzender, wir schwammen damals in der Luft«, erklärte Professor Ponsold, »weil wir uns nur auf die Barbiturate im Urin und nicht auf die möglichen Barbiturate in den Körperteilen konzentriert haben.«

Professor Dr. Sachs: »Ich habe damals lediglich den Verdacht geäußert, daß Hermann Rohrbach vor seinem Tode eine über den Befund im Urin des Toten hinausgehende Dosis Veronal eingenommen und geschlafen hat. Wir vermuteten damals, daß

Barbiturate durch Fäulnis verloren gegangen sein könnten. Es hat sich erst inzwischen herausgestellt, daß gerade Barbiturate besonders fäulnisresistent sind.«

Professor Dr. van Calker, Universität Münster, Physikalisches Institut: »Die Untersuchungergebnisse und Gutachten des Sachverständigen Professor Doktor Specht geben in mehrfacher Hinsicht zu erheblichen Bedenken Anlaß.«

Professor Dr. Rauen, Universität Münster, Physiologisches-Chemisches Institut: »Gegenüber der gutachterlichen Beweisführung des Herrn Professor Doktor Specht muß vom exakt naturwissenschaftlichen Standpunkt aus stärkster Zweifel erhoben werden.«

* * *

Am 5. Juni, dem 18. Tag der zweiten Verhandlung, erklärte Professor Specht, der mittlerweile »Leiter des Zentrallaboratoriums einer Bundesbehörde, deren Namen ich nicht nennen darf«, war: »Ich werde nun keine Auskünfte mehr geben.«

Vorher hatte er allerdings ausgeplaudert, warum sein Erstgutachten, für das er von Staatsanwaltschaft Münster 3.500 DM bekommen hatte, so ausgefallen war, wie es ausgefallen war: »Ich fühle mich nicht befugt, gegen die Interessen der Staatsanwaltschaft zu handeln.«

Am 20. Verhandlungstag faßte Professor Dr. Heinrich Kaiser vom Institut für Spektrochemie und angewandte Spektroskopie in Dortmund die Ansichten seiner Kollegen über das Gutachten von Professor Specht zusammen: »Das Gutachten, um das es hier geht, enthält soviel Fehler und verrät soviel Unterlassungen und Unwissenheit, es steht in solchem Kontrast zu den grundlegenden wissenschaftlichen Regeln, es verstößt mit seinen Irrtümern gegen jede klare wissenschaftliche

Erkenntnis, es ist mit soviel falschem, scheinbar wissenschaftlichem Ballast behaftet, in ihm werden ohne ernsthafte Nachprüfungen verhängnisvolle Folgerungen gezogen – so daß es in den Augen der ernsthaften Wissenschaft keinerlei Beweiskraft besitzt. (...) Der Verfasser des Gutachtens hat keine Vorstellungen von den durch seine Gehilfen angewandten Untersuchungsmethoden und Analysen (...) Der Verfasser beherrscht nicht die elementarsten Ausdrücke der wissenschaftlichen Fachsprache. Er gebraucht völlig sinnlose, unbegreifliche, nicht existente Ausdrücke. Der Verfasser hat anscheinend überhaupt keinen exakten wissenschaftlichen Wortschatz.«

(Professor Dr. Walter Specht war nach seinen eigenen Angaben vom Reichskultusminister nach Breslau versetzt und dort 1944 zum Außerplanmäßigen Professor am Gerichtsmedizinischen Institut ernannt worden.)

Am 21. Verhandlungstag konnte Professor Jan van Calker noch ein letztes Rätsel lösen, nämlich das von Specht kreierte »charakteristische Malerblut«, das er unter den Fußbodendielen der Rohrbachschen Wohnung entdeckt hatte und das auch für Biologen völig neu war. Van Calkers Blick fiel auf einige Bretter, die zu Beginn der Wiederaufnahmeverhandlung als Beweisstücke in den Gerichtssaal geschleppt worden waren. Von diesen Brettern hatte die münstersche Kripo während der Ermittlungen das angebliche Blut des ermordeten Rohrbach abgekratzt und nach München zur Untersuchung geschickt.

Van Calker trat zu den Brettern, betrachtete sie, schüttelte den Kopf und fragte schließlich: »Herr Kollege Specht, haben Sie denn wirklich nicht bemerkt, daß es sich um gestrichene und lackierte Bretter handelt? Zusammen mit dem Blut ist auch Farbe abgekratzt worden – und diese Mischung haben Sie dann als Malerblut analysiert?«

Gutachter Specht sagte nichts.

Van Calker: »Verehrter Herr Kollege, natürlich mußten Sie charakteristische Grundelemente erhalten, da diese nun einmal in Fußbodenfarben vorkommen.«

* * *

Maria Rohrbach wurde »mangels Beweisen« freigesprochen. Sie hatte vier Jahre im Gefängnis gesessen.

Der oder die Täter wurden nie gefaßt.

* * *

Der bayerische Justizminister Dr. Haas teilte auf Anfrage im Landtag mit, er werde im Anschluß an den Rohrbach-Freispruch seine Generalstaatsanwälte beauftragen, rechtskräftig abgeschlossene Verfahren zu überprüfen, in denen das Urteil auf Gutachten der Sachverständigen Specht und Katte beruhe.

Landgerichtsdirektor Dr. Heukamp, der Vorsitzende Richter des ersten Rohrbach-Prozesses, wurde nach den Gerichtsferien 1961 vom Straf- zum Handelsrecht versetzt.

Professor Dr. Walter Specht gab nach dem zweiten Rohrbach-Prozeß seine Tätigkeit als Gerichtsgutachter auf.

* * *

Das ZDF drehte einen Film über Maria Rohrbach, der ihr 15.000 DM einbrachte. Mit weiteren 15.000 DM einer Illustrierten für ihre »Memoiren« begann sie nach einem kurzen Klosteraufenthalt ein neues Leben. Sie arbeitete unter falschem Namen als Krankenschwester, bis sie erkannt und entlassen wurde. Als Kantinenkellnerin in einem Krefelder Stahlwerk lernte sie den Kaufmann Steinwegs kennen, den sie heiratete.

* * *

Am 4. September 1964 kam Steinwegs zur Krefelder Polizei-
wache und gab zu Protokoll: »Meine Frau hat mir den Mord
an ihrem ersten Mann gestanden.« Er zeigte ein Tagebuch als
Beweis dafür vor, daß sie auch an ihm mit einem Kissen und
einem spitzen Absatz Mordversuche gemacht habe.

Die Polizei glaubte Steinwegs nicht. Es wurde vermutet, daß
der Kaufmann bei der von ihm beantragten Scheidung um die
Zahlung der Alimente herumkommen wolle.

Quellen

I. Die Ermordung des Komturs
Melchior Droste zu Senden (1588)

Eingehend und juristisch fundiert hat sich der Landgerichts-
rat Heinrich Offenberg (1845-1899) mit dem Fall des ermordeten Komturs beschäftigt.
*Heinrich Offenberg: Bilder und Skizzen aus Münsters Vergangen-
heit, Münster 1898.*
Offenberg stützt sich dabei auf Ratsprotokolle und Kriminalakten im Stadtarchiv Münster sowie auf Akten des Rakesbecker
Archivs. Ebenfalls bekannt dürfte ihm der Bericht des zeitge-
nössischen Chronisten Röchell gewesen sein.
Der Familiengeschichte des Komturs gilt eine Untersuchung
von Stadtrechtsrat Clemens Steinbicker.
*Clemens Steinbicker: Der ermordete Komtur als Ahnherr, in: Archiv
für Sippenforschung und alle verwandten Gebiete 3/4, 1961.*
Die politischen Hintergründe sowie den Kompetenzstreit zwischen Stadtrat, Domkapitel und Fürstbischof behandelt
*Alwin Hanschmidt: Zwischen bürgerlicher Stadtautonomie und
fürstlicher Stadtherrschaft (1580-1661), in: Geschichte der Stadt
Münster, herausgegeben von Franz-Josef Jakobi, Band 1, Münster
1993.*
Die merkwürdigen Todesumstände des Rittmeisters von
Klencke stehen im Mittelpunkt eines Aufsatzes von Stadt-
archivrat Helmut Lahrkamp.
*Helmut Lahrkamp: Ein münsterischer »Kriminalfall« des Jahres
1637, in: Westfalen, Hefte für Geschichte, Kunst und Volkskunde,
Band 42, 1964.*

II. Der Werwolf Martin Blome (1605)

Heinrich Offenberg behandelt den Fall in einer »Neuen Folge« seiner »Bilder und Skizzen«.
Heinrich Offenberg: Bilder und Skizzen aus Münsters Vergangenheit, Neue Folge, Münster 1902.
Die Darstellung der Foltermethoden und -umstände in Münster stützt sich im wesentlichen auf
Sabine Alfing: Hexenjagd und Zaubereiprozesse in Münster, Waxmann Verlag, Münster/New York, 1991.

III. Der Lynchmord an Anna Holthaus, die verdächtigt wurde, eine Hexe zu sein (1644)

In dem bereits erwähnten Buch von Sabine Alfing wird der »Fall« Holthaus an zahlreichen Stellen aufgegriffen. Die Autorin stützt sich dabei ebenfalls auf Ratsprotokolle und Kriminalakten des Stadtarchivs.
Sabine Alfing: Hexenjagd und Zaubereiprozesse in Münster, Waxmann Verlag, Münster/New York, 1991.
Eine an einigen Stellen abweichende Darstellung des Prozesses gegen Anna Holthaus gibt Ludwig Humborg in seiner Dissertation aus dem Jahr 1914.
Ludwig Humborg: Die Hexenprozesse in der Stadt Münster, Münster, 1914.

IV. Räuberhauptmann Abraham Picard (1800)

Die Taten der *Großen Niederländischen Bande,* aus der Sicht des Bürgers Keil, Öffentlicher Ankläger im Departement der Roer, sind wiedergegeben in

B. (Johann Nikolaus) Becker: Actenmäßige Geschichte der Räuber-
banden an den beyden Ufern des Rheins, Zweyter Theil, Cöln, 1804.
Unveränderter fotomechanischer Nachdruck der Originalausgabe:
Leipzig, 1972.

Eine lesenswerte, wenngleich idealisierende Lebensgeschich-
te Picards, die sich auf Becker stützt, findet sich bei Fritz
Heymann, einem deutschen Juden, der ins Exil in die Niederlande ging und in Auschwitz starb.

Fritz Heymann: Der Chevalier von Geldern, Eine Chronik der Aben-
teuer der Juden, Amsterdam, 1937. Neuveröffentlicht: Köln, 1963.

Die Systematisierung der räuberischen Methoden ist entnommen

Carsten Küther: Räuber und Gauner in Deutschland, Das organi-
sierte Bandenwesen im 18. und frühen 19. Jahrhundert, Göttingen,
1976.

Zur Geschichte der Juden in Münster gibt es mehrere Aufsät-
ze von Diethard Aschoff.

Diethard Aschoff: Die Juden in der ständischen Gesellschaft, in: Ge-
schichte der Stadt Münster, Band 1, Münster, 1993.

und

Diethard Aschoff: Von der Emanzipation zum Holocaust – Die jüdi-
sche Gemeinde im 19. und 20. Jahrhundert, in: Geschichte der Stadt
Münster, Band 2, Münster, 1993.

Ebenfalls von Aschoff stammt der Begleittext zu

Die Juden in Münster, Geschichte original 5, Münster, 1981.

Die Wiedergabe der politischen Geschichte Münsters im 18.
Jahrhundert orientiert sich an

Rudolfine Freiin von Oer: Residenzstadt ohne Hof (1719-1802), in:
Geschichte der Stadt Münster, Band 1, Münster, 1993.

V. Raub und Totschlag in der Nachkriegszeit *oder* Zwei nervöse junge Männer (1919/20)

Eine umfassende Darstellung der Auswirkungen der Weimarer Republik auf Münster findet sich bei
Hans-Ulrich Thamer: Stadtentwicklung und politische Kultur während der Weimarer Republik, in: Geschichte der Stadt Münster, Band 2, Münster 1993.
Der »Westfälische Merkur« hat in den Jahren 1920 und 1921 ausführlich über die Prozesse gegen Karl Licht und Peter Kneip berichtet.

VI. Der Justizskandal Rohrbach (1957-1961)

Die münsterschen Tageszeitungen haben täglich über die Ermittlungen und die beiden Prozesse gegen Maria Rohrbach berichtet und dabei teilweise, wie Helmut Müller in den »Westfälischen Nachrichten«, jegliche Objektivität vermissen lassen.
Eine zusammenfassende Darstellung findet sich im »Spiegel«, Heft 26/1961.
Die Zeitschrift »Die Republik«, Nummer 28-33, gebunden herausgegeben am 7. November 1978, dokumentiert u.a. die Rohrbach-Prozesse.
Die münstersche Zeitschrift »Stadtblatt«, die es leider nicht mehr gibt, hat sich im Jahr 1985 in zwei Folgen mit den Rohrbach-Prozessen beschäftigt.

Abbildungen

Historische Grenzen der Stadt Münster aus Ludwig Humborg: Historischer Bummel durch Münsters Altstadt-Straßen, Aschendorff, Münster 1973

Westfassade des Domes und Domplatz zu Münster, 1784, von Hermann Pieter Schouten, Öl auf Holz, 34,4 x 47,5 cm, Westfälisches Landesmuseum für Kunst und Kulturgeschichte Münster

Schloß Bevergern. Nach einer alten Abbildung im Besitze von H. Hötte, Münster.

Historische Abbildungen von Werwölfen aus Clebert, J.P., Photo Bilioteque nationale, Paris (oben) und ein Werwolf, der 1685 im Markgrafentum Onolzbach Menschen angefallen haben soll aus Sigrid u. Wolfgang Jacobeit, Illustrierte Alltagsgeschichte des deutschen Volkes 1550-1810, Köln 1988

„Die Hexenprobe", Stich von G . Franz, aus „Germania" von Johannes Scherr, Stuttgart 1878

Ausschnitt aus einem Steckbrief der münsterschen Regierung für die Fahndung nach Mitgliedern einer jüdisch-christlichen Räuberbande vom 7.4.1752, Blatt 2 Bestandteil der Reihe: Geschichte original – am Beispiel der Stadt Münster, Heft 5, Aschendorff, Münster 1980

Stadtwache und Rathaus in Münster, 1872, von Cornelis Springer, Öl auf Holz, 60 x 48,5 cm, Westfälisches Landesmuseum für Kunst und Kulturgeschichte Münster

Bild des Schinderhannes mit einem Passierschein, 1802, aus Sigrid u. Wolfgang Jacobeit, Illustrierte Alltagsgeschichte des deutschen Volkes 1550-1810, Köln 1988

Maria Rohrbach mit ihrem Anwalt. Die Abbildung ist dem SPIEGEL, Heft 26, 1961, entnommen.

Krimis von Jürgen Kehrer

Schuß und Gegenschuß
Der sechste Wilsberg-Krimi
ISBN 3-89425-051-8 DM 14,80
Wilsberg soll in einem Reality-TV-Film sich selbst spielen.
Kurz nach Drehbeginn kommt es zu schweren Unfällen.

Wilsberg und die Wiedertäufer
Der fünfte Wilsberg-Krimi
ISBN 3-89425-047-X DM 14,80
Das »Kommando Jan van Leiden« fordert vom Bischof eine
halbe Million. Und Wilsberg soll Geldbote spielen.

Kein Fall für Wilsberg
Der vierte Wilsberg-Krimi
ISBN 3-89425-039-9 DM 14,80
Dubiose Waffengeschäfte, eine Familie, in der jeder jeden haßt,
und ein Firmenchef mit Doppelleben.

Killer nach Leipzig
ISBN 3-89425-033-X DM 14,80
»... und Leipzig war für kurze Zeit nicht Klein-Paris, sondern
ein kleines Los Angeles. Lobenswert, daß das mal jemand
aufgeschrieben hat.« (Sächsische Zeitung)

Gottesgemüse
Der dritte Wilsberg-Krimi
ISBN 3-89425-026-7 DM 14,80
Georg Wilsberg muß sich auf den Psychoterror einer
fanatischen Sekte einlassen.

In alter Freundschaft
ISBN 3-89425-020-8 DM 14,80
Eine nach Holland ausgerissene minderjährige Punkie, eine
verschwundene Ex-Freundin und ein bestohlener Disko-Chef:
Bei keinem der drei Aufträge kann Wilsberg brillieren.

Und die Toten läßt man ruhen
ISBN 3-89425-006-2 DM 14,80
Mit Joachim Król als Wilsberg vom ZDF verfilmt
»... eine Story vom Feinsten ...: garantiert unmoralisch und
zynisch, antibürgerlich und unsozial, aber nicht
dumpf-gewalttätig, dafür jedoch dramaturgisch perfekt bis aufs
i-Tüpfelchen.« (Leo's Magazin)

grafit

■ Sabine Alfing

Hexenjagd und Zaubereiprozesse in Münster

Vom Umgang mit Sündenböcken
in den Krisenzeiten des
16. und 17. Jahrhunderts

1994, 223 Seiten, br., 29,80 DM
ISBN 3-89325-287-8

Am Beispiel der Hexenverfolgung in Münster in
der frühen Neuzeit geht die vorliegende Studie
der Frage nach, wie eine zivilisierte Gesellschaft
in Krisenzeiten ihre – vorwiegend weiblichen –
Außenseiter behandelt. Etablierte Gesellschaften
scheinen demnach als Sündenböcke für erlittenes
Unheil Menschen auszuwählen, die sozial isoliert
sind, sich wirtschaftlich am Rande des Existenz-
minimums befinden und die keine formale Bildung haben.
Wurden solche außerhalb der Norm stehenden
Personen der Zauberei bezichtigt, so hatten sie
in den Prozeßverfahren so gut wie keine Chance,
ihre Unschuld zu beweisen und der grausamen
Bestrafung zu entgehen.
Die ausgewählten historischen Beispiele stellen
somit eine eindringliche Warnung davor dar,
den Unsicherheiten des gesellschaftlichen Um-
bruchs mit der Verhetzung und Vernichtung
unbequemer Zeitgenossinnen und Zeitgenossen
zu begegnen.

Münster
New York